Autor _ Rocker
Título _ Os sovietes traídos pelos bolcheviques

Copyright _ Hedra 2007
Tradução© _ Plínio Augusto Coêlho
Ed. consult. _ *Les soviets trahits par les bolcheviks*, Spartacus, Paris, s/d.

Dados _ Dados Internacionais de Catalogação na Publicação (CIP)

Rocker, Rudolf (1873-1958) - São Paulo : Hedra, 2007. 1. Título 2. Org. e trad. Plínio Augusto Coêlho 3. Intro. Alexandre Samis 4. Anarquismo.

07-030   CDD 320.57

Direitos reservados em língua portuguesa somente para o Brasil

EDITORA HEDRA LTDA.
Endereço _ R. Fradique Coutinho, 1139 (subsolo) 05416-011 São Paulo SP Brasil
Telefone/Fax _ (011) 3097-8304
E-mail _ editora@hedra.com.br
Site _ www.hedra.com.br

Foi feito depósito legal.

Autor _ Rocker
Título _ Os sovietes traídos pelos bolcheviques
Organização e tradução _ Plínio Augusto Coêlho
Introdução _ Alexandre Samis
Série _ Estudos Libertários
São Paulo _ 2007

hedra

Rudolf Rocker (Mainz, 1873-Nova York, 1958) foi anarco-sindicalista, historiador e ativista alemão. Ainda jovem, ingressa no Partido Social Democrata alemão, mas é expulso em 1890 por apoiar o grupo de oposição Die Jungen. Em 1891, participa do congresso da Segunda Internacional, e um ano depois inicia sua colaboração na imprensa anarquista. Procurado pela polícia, é obrigado a abandonar a Alemanha em 1892. Vive alguns anos em Paris e se estabelece na Inglaterra a partir de 1895, onde se envolve no movimento anarquista judeu, apesar de gentio, e fica conhecido como o "rabi anarquista". Em 1898, edita em Leeds o semanário iídiche Dos Fraye Vort ("O mundo livre"), além de coordenar o movimento anarquista em Whitechapel e ajudar a organizar os trabalhadores judeus do East End de Londres. Em 1918, é deportado para a Holanda, mas retorna pouco depois para o seu país natal. Figura de proa do Congresso Internacional de Berlim em 1922, ajuda a fundar a Associação Internacional de Trabalhadores, assumindo as funções de secretário. Em 1933, abandona a Alemanha para escapar da perseguição nazista e se estabelece nos EUA, dando seguimento ao seu trabalho como orador e escritor, dedicando-se à análise do fascismo e do comunismo. Os últimos vinte anos de sua vida são passados na comunidade de Mohegan, em Nova York, onde granjeia a fama de mais importante líder anarquista depois de Kropotkin e Malatesta. Crítico do socialismo autoritário, e do que chamava de "ditadura do proletariado", Rocker buscava no sindicalismo uma forma de propugnar o ideal anarquista. Como anarco-sindicalista, acreditava que os trabalhadores, organizados, deveriam se apropriar do capital e das ferramentas de trabalho para se emancipar da exploração burguesa. Rudolf Rocker faleceu no Maine, EUA, em 1958, pouco depois de perder sua companheira Milly.

Os sovietes traídos pelos bolcheviques é um dos mais importantes textos de intervenção de Rocker. Publicado em 1921, é uma análise da derrocada precoce dos ideais revolucionários na Rússia e das cisões que isso provocaria entre os socialistas, culminando na criação da Internacional Sindical Vermelha dos bolcheviques para combater o sindicalismo revolucionário de orientação anarquista. Nesta obra de denúncia, Rocker reflete sobre as divergências entre o bolchevismo e o anarquismo, e as suas conseqüências para o futuro de um programa revolucionário.

Plínio Augusto Coêlho fundou em 1984 a Novos Tempos Editora, em Brasília, dedicada à publicação de obras libertárias. Em 1989, transfere-se para São Paulo, onde cria a Editora Imaginário, mantendo a mesma linha de publicações. É idealizador e co-fundador do IEL (Instituto de Estudos Libertários).

Alexandre Samis é doutor em História pela Universidade Federal Fluminense (UFF) e professor do Colégio Pedro II. Membro do Instituto de Estudos Libertários, é autor do livro *Clevelândia: anarquismo, sindicalismo e repressão política no Brasil*, (Imaginário/Achiamé, 2002).

Série Estudos Libertários: as obras reunidas nesta série, em sua maioria inéditas em língua portuguesa, foram escritas pelos expoentes da corrente libertária do socialismo. Importante base teórica para a interpretação das grandes lutas sociais travadas desde a segunda metade do século XIX, explicitam a evolução da idéia e da experimentação libertárias nos campos político, social e econômico, à luz dos princípios federalista e autogestionário.

SUMÁRIO

Introdução, por Alexandre Samis *9*
OS SOVIETES TRAÍDOS PELOS BOLCHEVIQUES *25*

SUMÁRIO

INTRODUÇÃO

Na cidade de Lyon, em junho de 1894, partia da carruagem presidencial um brado de "Viva a anarquia!". O alerta tratava-se, na realidade, da assinatura política que dava Sante Geronimo Caserio, um libertário italiano, ao justiçamento do presidente da França, Sadi Carnot. Um punhal abreviava a vida do político francês; no mesmo ano, em agosto, Caserio, que não opôs resistência à sua prisão, foi guilhotinado. O fato — mais um na seqüência de atentados que tiveram lugar entre os anos de 1892 e 1894 — compunha a legenda do chamado "período heróico" do anarquismo. Através da metodologia da "propaganda pelo fato", individualidades anarquistas levaram o medo e a insegurança aos "agentes da burguesia" personificados em autoridades das mais diversas procedências.

Como forma de retaliação, o governo passou à repressão. Anarquistas foram presos e processados; os que eram estrangeiros foram expulsos do país. Entre os vitimados pelas medidas oficiais estava Rudolf Rocker, um alemão de Mainz, nascido em 1873. Juntamente com outros tantos militantes, Rocker acabaria por dirigir-se a Londres.

A sua formação política, entretanto, havia começado muito antes. O estado permanente de penúria e as precárias condições de higiene tiraram de Rocker, muito cedo, seus pais. Recolhido a um orfanato católico, terminou ali sua formação básica escolar. Apesar de ter tentado a fuga da instituição por diversas vezes, conseguiu trabalho em uma oficina de encadernação de livros, onde tomou contato não apenas com a literatura radical, mas também com veteranos das barricadas de 1848. Por força das leituras, resolveu ingressar na associação profissional de encadernadores, onde viria a aprofundar seus estudos no contato com membros proeminentes da social-democracia alemã.

A despeito do meio fortemente influenciado pelas idéias parlamentares, Rocker uniu-se a um grupo de oposição radical no interior do SPD — o prestigiado Partido Social-Democrata Alemão — conhecido como "Os jovens", na mesma época em que conhecia Johann Most. Após completar a formação profissional, decidiu empreender uma viagem pelo continente. Ao chegar à Bélgica, encontrou-se com alguns anarquistas e, no Congresso Socialista de Bruxelas, de 1891, fórum previsto na agenda da Segunda Internacional, percebeu a clara distinção entre as idéias anarquistas e marxistas. Através das palavras fáceis do holandês F. Domela Nieuwenhuis, que, em polêmica com o social-democrata alemão W. Liebknecht, discorria sobre as teses libertárias e o sindicalismo, Rocker definiu com clareza a sua filiação ao anarquismo.

De retorno à Alemanha, atuando na região renana nos anos de 1892 e 1893, ele experimentaria a perseguição policial por escrever "contra a ordem pública". Para não ser preso, vê-se obrigado a fugir para Paris, onde conhece Élisée Reclus e faz os primeiros contatos com operários judeus. Novamente expulso, toma o caminho da maioria dos exilados políticos de sua época, indo parar em Londres. Na capital britânica encontra ambiente fecundo para escrever artigos e envolver-se ainda mais com os judeus radicais para os quais, após versar-se em iídiche, irá trabalhar freneticamente na confecção de periódicos e em favor da organização política dos operários. Conheceu nesta ocasião sua companheira de toda a vida, Milly Witkop, uma judia anarquista de impressionante sensibilidade e inteligência.

No exílio londrino, além dos livros que escreveu, esteve à frente dos periódicos: *Das Freie Wort*, o *Arbeiterfreund* e ainda da revista de cultura libertária *Germinal*. Também em Londres testemunhou a colisão entre o bloco antiparlamentarista e a social-democracia, ambas as tendências presentes ao Congresso da Segunda Internacional, em 1896. Os anarquistas, defensores intransigentes da ação direta e refratários a qualquer investidura subordinada ao Estado burguês, encontravam-se representados, embora numericamente em condição inferior, por Malatesta, Pelloutier, Hamon, Pouget, Landauer, entre outros. O debate, que mereceu especial atenção de Kropotkin, acabou por marcar o fim da participação libertária naquele fórum internacional, uma vez que as posições, a exemplo do que sucedera na antiga Associação Internacional dos Trabalhadores, tornaram-se inconciliáveis.

Foi também no Congresso de Londres que, dentro do movimento anarquista, explicitou-se com mais clareza as nuances entre as formas de conduzir a sociedade à revolução. Christian Cornelissen, um libertário holandês, desde 1892 vinha propugnando que os anarquistas ingressassem nos sindicatos. Ele recomendava, como forma de combater a "onda parlamentar", uma firme atuação no interior das associações de classe. Teria sido ele, em aberto e na finalização dos acordos entre os militantes, o grande articulador do bloco antiparlamentar de 1896. E não por acaso este mesmo bloco desfraldou em várias oportunidades a bandeira do sindicalismo. Entretanto, as posições adotadas por Cornelissen vinham sendo abandonadas naquela altura por Domela Nieuwenhuis, o mesmo que em Bruxelas havia encantado Rocker. Nieuwenhuis entendia que a questão central era despertar nos homens, pela educação, a consciência e o espírito libertário. Afastava-se da idéia primordial da importância pedagógica para as massas da ação direta e das reivindicações contra a burguesia que aconteciam dentro dos sindicatos. Apesar de ter feito parte do bloco antiparlamentarista em Londres, no qual estavam expressas as premissas sindicais, ele era em essência apenas contra a social-democracia, bandeira aliás que havia empunhado na juventude.

De fato, das entranhas do SPD havia brotado uma dissidência importante. A despeito da nacionalidade holandesa, Cornelissen e Nieuwenhuis tinham se formado na escola da social-democracia alemã. Como Rocker, dela haviam extraído os elementos para uma mais ampla crítica ao marxismo — ou, no vernáculo dos militantes ácratas, socialismo autoritário. Também Gustav Landauer, que à semelhança de Rocker passou pelo grupo "Os jovens", tornou-se acérrimo crítico do marxismo.

Ao que tudo indica, os dessa geração foram buscar no ataque ao parlamentarismo o aspecto mais óbvio para a formulação de um anarquismo alemão, sem ortodoxia e até mesmo com diferentes concepções, todavia unido na crítica à estratégia do SPD. Para Rocker, já nessa época consolidava-se a idéia de que estava no sindicalismo o nicho para a organização específica de anarquistas.

Os anos que se seguiram encontram Rocker mergulhado em atividades de organização, ainda exilado na Inglaterra. Uma federação de grupos anarquistas formados por judeus apareceu em 1902, muito por força de seu trabalho na imprensa operária de fala iídiche. Quatro anos depois, na Jubilee Street, ele ajuda a fundar um clube social libertário. Em 1909, no contexto do fuzilamento do pedagogo catalão Francisco Ferrer y Guardia, escreveu artigos sobre a Espanha e passou a se interessar vivamente pelo que se passava no país. Com o início da Primeira

Guerra, porém, os círculos anarquistas dos quais participava, por defenderem posições contrárias à mobilização para o alistamento, foram encerrados pela polícia. Por ser de origem alemã e pregar o internacionalismo, ele amargou quatro anos em um campo de concentração. Nessa ocasião, denunciava o nacionalismo como o combustível responsável pelos ânimos exaltados, fazendo proletários de vários países trocarem os macacões das fábricas por uniformes de guerra. Aliás, uma posição comum à grande parte dos anarquistas, com exceção de um grupo reduzido encabeçado por Kropotkin.

Com o fim da guerra, Rocker, Milly e seu filho Fermin – nome em homenagem a Fermin Salvochea – exilam-se por um breve período na Holanda e, após imensas dificuldades, conseguem retornar à Alemanha. Na chegada, trata de fazer contato com o movimento sindicalista organizado por Fritz Kater.

Em 1919, participa em Erfurt de um congresso de operários da indústria de armamentos e faz pesadas críticas às atitudes de cumplicidade da classe com as hostilidades internacionais. Na realidade, durante a guerra, principalmente a partir de 1915, os operários alemães movimentaram-se em diversos motins e greves. Na Renânia, em Berlim, na Westfália e na Silésia nos anos subseqüentes, trabalhadores paralisaram a produção, inclusive em protesto contra o alistamento compulsório de sindicalistas e operários das bases. Em janeiro de 1917, em Berlim e Dusseldorf, os trabalhadores das fábricas de armamento paralisaram a produção. Um ano depois, em uma das mais importantes manifestações, que contou com 400 mil trabalhadores, estes exigiam o fim da guerra, a desmilitarização das fábricas, a libertação de presos políticos, a supressão do estado de sítio e o sufrágio universal. Após o armistício, mesmo com a formalização da paz, continuaram as manifestações. No ano de 1919, após a derrubada do Conselho da República Operária de Munique, pelo governo que tinha como ministro o social-democrata Gustav Noske, Landauer era barbaramente assassinado. Ele havia ocupado, por cerca de um mês apenas, um cargo executivo no Conselho junto ao departamento responsável pela educação. A experiência que aproximou anarquistas e comunistas inspirava-se no conselhismo húngaro de Bela Kun e, como todos os outros movimentos insurrecionais da época, acabou mergulhado em sangue.

A chamada República de Weimar, inaugurada após a guerra sob os auspiciosos esforços do SPD, entretanto, não conseguiu até 1923 colocar termo às manifestações dos operários. Foi assim que, em 1920, Rocker envidou esforços para inaugurar uma entidade sindical que abrigasse os sindicalistas revolucionários dispersos pelo território alemão, despregados do movimento pela ressaca dos acontecimentos do ano anterior. Dessa forma, surge a *Freie Arbeiter-Union Deutschland*, a FAUD No seu congresso constitutivo, Rocker definiria o caráter da nova federação em oposição às prédicas do marxismo e da orientação do *Komintern* de Lênin:

> Antes de tudo devemos manifestar que o princípio da ditadura nada tem a ver com o socialismo. Os primeiros defensores da ditadura não eram socialistas, senão pequeno-burgueses jacobinos; homens como Couthon e e Saint-Just figuraram como seus mais fervorosos partidários. [...] Para nós a questão é clara: se se entende por ditadura do proletariado nada mais que a tomada do poder através do Estado por um Partido – não importa qual –, e a ditadura aqui é do Partido, não de uma classe, então somos inimigos irredutíveis dessa ditadura, e pela pura e simples razão de que somos inimigos encarniçados do Estado. Mas, se por "ditadura" se entende a expressão da vontade do proletariado, na hora da vitória, em ditar às classes possuidoras o fim de seus privilégios e tomar em suas mãos as fun-

ções sociais, nós, anarco-sindicalistas convictos, não temos nada a objetar contra uma tal ditadura; e mais, a desejamos com todo o coração.

Rocker ficaria responsável, após a fundação da entidade sindical, pelo seu periódico *Der Syndikalist*.

As atividades da FAUD permitiram que Rocker ousasse ainda mais em condições adversas. Dois anos após a fundação da Federação, que reunia as virtudes daquilo que se chamou sindicalismo revolucionário e que, em algumas partes do mundo, mereceu o nome de anarcosindicalismo, ele chamaria um grande congresso para a refundação da Associação Internacional dos Trabalhadores. Tal atitude era uma deliberada posição frente à Internacional Sindical Vermelha e ao *Komintern*. Portanto, em 1922, em Berlim, os esforços dos anarquistas ainda dentro das associações de classe convergiam para essa nova tentativa de uma entidade internacional com foco no sindicalismo.

O resultado de tamanho dinamismo atraiu para ele a atenção das forças de repressão. Foi perseguido e, posteriormente, com a ascensão do nazismo, precisou se exilar nos Estados Unidos. Nessa altura, Rocker já influenciava uma nova geração de anarquistas em seu país. Figuras importantes como A. Jensen, A. Souchy e H. Rüdiger chegaram aos meios libertários através de seus escritos. Cada vez mais preocupado com o federalismo e as autonomias, ele dará início à teorização de uma forma de organização "municipalista", menos virulenta que a insurrecional e que considerava, no âmbito local, o apoio a determinados partidos radicais, além de estimular a rede de relações entre sindicatos, conselhos, centros de cultura e cooperativas, todos livremente federados.

Apesar da proposta, em contraste com os primeiros anos de militância libertária, um tanto moderada, Rocker apoiou vivamente as milícias formadas pela *Confederación Nacional del Trabajo*, a CNT, no conflito espanhol entre 1936-1939. Foi entusiasta das coletivizações e das transformações ocorridas na Catalunha, Astúrias e outras partes da Espanha revolucionária. A participação dos comunistas no evento viria a reforçar a sua convicção sobre as falhas da proposta inaugurada, na prática, com a "bolchevização" da Revolução Russa. O "stalinismo", se não era um filho dileto do marxismo, ainda assim era um bastardo que apresentava claras evidências de sua ascendência ideológica. A disposição dos comunistas de reverter as coletivizações — principalmente depois de 1937, com a perseguição, tortura e assassinato de anarquistas e socialistas — ilustrava as antigas denúncias com numerosos e escandalosos fatos.

Em 1936, após salvar seus manuscritos da sanha nazista, Rocker consegue publicar na Inglaterra seu livro, tantas vezes interrompido, *Nacionalismo e cultura*. Com a vitória do fascismo do caudilho Francisco Franco na Espanha e, ainda em 1939, com a Europa mergulhada em outra Grande Guerra, ele inicia nos EUA estudos sobre as origens do liberalismo radical americano e sustenta a tese de que a centralização do poder está em oposição ao espírito criativo dos seres humanos. Segundo seu pensamento, nas sociedades onde o federalismo patrocinou mais claramente a tensão entre Estado e comunidade, e o fenômeno trouxe benefícios a esta última, saíram fortalecidos os alicerces da participação popular. Ganha com seu livro o reconhecimento de figuras como Thomas Mann, Albert Einstein e Bertrand Russell. Também nesta época, como vinha fazendo desde o exílio na França, mantém relações com a comunidade judaica e faz intensa propaganda anarquista.

Ao que tudo indica, Rocker jamais rompeu com

o anarco-sindicalismo. Segundo Noam Chomsky, um seguidor das idéias de Rocker:

> Como socialista, Rocker tomaria por certo "que a libertação séria, final e completa dos trabalhadores é possível apenas sob uma condição: a de apropriação do capital, ou seja, da matéria-prima e de todas as ferramentas de trabalho, incluindo a terra, por todos os trabalhadores". Como um anarco-sindicalista, ele insiste, além disso, que as organizações de trabalhadores devem criar "não só as idéias, mas também os fatos do seu próprio futuro" no período pré-revolucionário, que elas personifiquem em si mesmas a estrutura da sociedade futura.

Rudolf Rocker faleceu em Maine, nos EUA, em setembro de 1958, poucos anos após a morte de sua querida Milly. Deixou incontáveis artigos sobre teoria anarquista, as biografias de Max Nettlau, Fermin Salvochea e Johann Most; os livros *Nacionalismo e cultura*, *Anarco-sindicalismo*, *As idéias absolutistas no socialismo*, uma autobiografia e ainda obras sobre o pensamento liberal americano, a revolução e os textos reunidos no livro *Os sovietes traídos pelos bolcheviques*. No Brasil, pelo que se tem notícia, somente duas obras de Rocker foram editadas, entre as décadas de 1940 e 1950. A primeira, *As idéias absolutistas no socialismo*, e a segunda, um excerto de seu livro *Nacionalismo e cultura*, que recebeu o título sugestivo de *A insuficiência do materialismo histórico*.

SOBRE BOLCHEVIQUES E ANARQUISTAS

No dia 15 de janeiro de 1938, em seu exílio no México, Leon Trotski, após anos de severas críticas provenientes de diversos setores da esquerda ao massacre de Kronstadt, resolvia então prestar contas daquele acontecimento. O ataque à base naval localizada no golfo da Finlândia, em Petrogrado, em 1921, tinha resultado na morte de centenas de marinheiros que, anos antes, haviam sido destacados pelos bolchevistas, em relação aos demais grupos insurretos, como "o orgulho e a glória da Revolução". Em 1938, ano de fundação da IV Internacional, Trotski argumentaria que "a rebelião de Kronstadt não foi mais do que um episódio na história das relações entre a cidade proletária e a aldeia pequeno-burguesa", inserida, ainda segundo ele, na marcha geral do desenvolvimento da luta de classes no curso da Revolução. Para Trotski, a vocação revolucionária dos marinheiros havia se perdido, uma vez que os mais capazes e de origem proletária não se encontravam mais na base naval. Estes teriam sido distribuídos em uma espécie de diáspora revolucionária, por várias partes da velha Rússia, para prestar os seus serviços à causa em marcha. Assim, no contexto do ataque liderado pelo general Tukhachevski, antigo oficial do exército branco aderido à época ao bolchevismo, encontravam-se em Kronstadt quase exclusivamente marinheiros de origem camponesa, portanto, sem tradições revolucionárias; filhos de *kulaks*[1] e setores ideologicamente ligados aos anarquistas e socialistas revolucionários.

Para fundamentar seus argumentos, Trotski assevera ser fundamental entender que "a Revolução é 'feita', diretamente, por uma minoria", capaz de convencer a maioria a agir em favor da transformação ou assisti-la na condição de "neutralidade amigável". Seria mesmo a transformação, na prática, a forma correta da relação entre vanguarda e classe.

Em conformidade com o raciocínio, no caso de Kronstadt, o agente da transformação, o operariado, não estava presente e, no seu lugar, encontravam-se os anarquistas, ainda segundo ele, portadores de uma ideologia pequenoburguesa. Partindo da premissa de que a massa camponesa era intrinsecamente reacionária e de que a influência libertária sobre os camponeses-marinheiros não seria

[1] Camponeses ricos.

capaz de imprimir ao contingente militar sequer uma postura de "neutralidade amigável", a solução era inevitável. O terrível ataque ganhava assim foros de legitimidade.

Mas, em que pese o trágico esfacelamento da vertente libertária na Revolução, os primeiros anos dos embates com o czarismo e o governo de Kerenski, em 1917, encontraram bolchevistas e anarquistas em franca colaboração. Para os libertários de todo o mundo, com maior ou menor clareza, o processo era genuinamente anarquista comunista, uma vez que a social-democracia caíra no mais infamante reformismo, ainda mais evidente após o início da Grande Guerra. O bolchevismo, defendiam os mais exaltados insurrecionalistas dos países latinos, era mesmo a nova fase do antigo bakuninismo, semelhante em quase tudo aos objetivos da Aliança da Democracia Socialista de Bakunin. Para outros, a Segunda Internacional, que em 1896 havia excluído os anarquistas de seu seio em favor da tática parlamentar, mostrava-se superada definitivamente, e o bolchevismo, por seu caráter revolucionário, era na sua materialidade o reconhecimento da superioridade das premissas libertárias na busca pela ruptura definitiva. Tal dimensão também foi compartilhada por setores da ortodoxia marxista, uma vez que, particularmente após a divulgação das *Teses de abril*, Lênin foi acusado por estes de querer ocupar "o trono há trinta anos vago na Europa", o de Bakunin.

Assim, em oposição à tática do socialismo reformista, os anarquistas aproximaram-se, através de alianças tácitas, do bolchevismo, ou antes, por entusiasmo militante, foi possível a alguns entender ambos como expressões distintas de um mesmo fenômeno revolucionário. No Brasil, José Oiticica e Astrojildo Pereira, além de conceberem um "Partido Comunista" de orientação libertária, para maior aproximação da causa comum, fundaram o jornal *Spar-*

tacus, em alusão confessa ao movimento comunista revolucionário em curso na Alemanha, no ano de 1919. Outras iniciativas semelhantes pontuaram as performances de grupos anarquistas pelo mundo no mesmo período.

Os anarquistas, entretanto, encontravam-se no contexto da "Revolução Mundial", envolvidos com o advento do sindicalismo revolucionário. Para a grande maioria destes, como referido, o sindicato era o meio mais direto de explicitar as contradições de classe. Era mesmo pela via econômica que os trabalhadores acabariam se organizando e, livres das peias partidárias, alcançariam os objetivos imediatos sem perder a perspectiva revolucionária. Essa apreciação, de resto presente já no Congresso da Basiléia, em 1869, animava a entrada de um sem-número de anarquistas nas associações de classe. E foi por esta opção, mais claramente identificada com eles a partir do fim do oitocentos, que o anarquismo alcançou prestígio, avançou por fronteiras e saltou por sobre os oceanos. Foi também na esteira do sindicalismo que obtiveram os anarquistas o estatuto revolucionário definitivo em contraste com a social-democracia.

Em favor dessa dinâmica colaboraram, entre outros, Fernand Pelloutier, Émile Pouget e Pierre Besnard, inspiradores dos capítulos da "Carta de Amiens", de 1906, ponto de partida para regulamentos sindicais em diversos países. A estrutura sindicalista revolucionária erguia-se *pari passu* com o esforço empreendido por anarquistas na direção da Revolução Social. No âmbito da gestão econômica, levando-se em consideração o socialismo como fato consumado, o sindicato representaria, ao menos para a vertente mais diretamente sindicalista, a unidade por excelência da ordenação da produção. Nesse sentido, viam os anarquistas russos as afinidades entre este e o projeto dos sovietes, posto em marcha desde o "ensaio geral" revolucionário de 1905.

Contudo, se a aliança entre os bolcheviques e os anarquistas alguma longevidade logrou, esta pode ser explicada também, para além dos motivos expostos, pela falta de informação sobre os acontecimentos dentro e fora da Rússia. Já em 1918, Lênin enchia os cárceres do regime de anarquistas e socialistas revolucionários. Após a colaboração por muitos meses entre a guerrilha ucraniana de Nestor Makhno e o Exército Vermelho, aquela foi implacavelmente destruída e seus dirigentes, incluindo o próprio Makhno, obrigados a buscar o exílio em favor de sua própria existência. O "comunismo de guerra", tolerado por boa parte dos anarquistas como uma passageira excepcionalidade, auxiliou no fortalecimento do poder dos bolcheviques e criou condições para que os atos governativos consolidassem o monolitismo estatal. O sonho federalista dava lugar a um pesadelo centralista.

Destarte, da estrutura original dos sovietes, alicerçada na "energia criadora do povo" e no "poder dos debaixo", pouco se percebia no início de 1921. A engrenagem montada nos anos de guerra civil, na luta contra as coligações dos países capitalistas e com a oposição de esquerda metida em ergástulos imundos, deu a última palavra à ditadura do partido único. Como conseqüência do esvaziamento da proposta original dos sovietes, agora simples instrumentos de uma "vanguarda revolucionária", Lênin adotou um conjunto de postulados econômicos batizado de Nova Política Econômica (NEP), uma clara concessão a elementos estruturais do capitalismo, e substituiu, na prática, os conselhos de operários e soldados por uma política de Estado ou, em última instância, de partido. ANEP, de fato, uma vez descartada a possibilidade de gestão da sociedade pelos sovietes, colocava-se como um imperativo para retirar a Rússia do caos em que se encontrava. À desorganização, fruto na realidade do esvaziamento do poder real das instâncias horizontais e federadas, os bolchevistas ofereciam como antídoto a ditadura e o controle racional da produção pelo "taylorismo". Tal circunstância criava as condições e legitimava os discursos contra as "ideologias pequeno-burguesas" presentes no processo revolucionário.

Em março de 1921, no X Congresso do Partido Comunista Russo, Lênin declarava guerra aberta aos anarquistas e sindicalistas. Foi também nesse colóquio que mais claramente se explicitou uma política agressiva de consolidação do poder alicerçada nas chamadas 21 condições, enumeradas por Lênin, no II Congresso da Internacional Comunista, em 1920. Ainda nesse contexto, os bolcheviques criaram a Internacional Sindical Vermelha para, entre outras tarefas, fazer frente ao sindicalismo revolucionário.

No seu conjunto, as referidas medidas objetivavam – além de garantir o equilíbrio do Estado sob o governo comunista – fornecer lastro e estabilidade política ao grupo de Lênin no âmbito da Internacional Comunista. Um certo descompasso entre as deliberações do partido e as bases do *Komintern* forçavam os bolchevistas a garantir para si, pela resolução dos problemas imediatos do país, o efetivo protagonismo na nova Internacional. Dessa forma, os projetos de gestão e político compunham um perfeito corolário.

Entretanto, como em muitos outros pontos do país, os trabalhadores de Petrogrado passavam fome. As limitadas medidas do governo não resolviam as mais urgentes demandas; a política de "bancarrota" do comunismo de guerra não mais se justificava, uma vez que a Grande Guerra havia terminado em 1918 e o armistício com a

Polônia e a derrota do último general branco, Wrangel, punham fim à guerra civil. Os marinheiros de Kronstadt, por este motivo, insistiram na redemocratização dos sovietes e, por uma decisão em conselho, principiaram autonomamente uma ação em favor da população da cidade. Diante da insubordinação, visível mais claramente a partir de março, Trotski iniciou a ofensiva contra a "Comuna de Kronstadt" que, após encarniçada resistência, sucumbiu sob a fuzilaria do Exército Vermelho. A experiência de Kronstadt, tornada depois paradigmática, durou escassos 16 dias. Todavia, a despeito da curta vigência, animou e embalou as esperanças de libertários de todo o mundo que, vendo no episódio a sobrevivência dos antigos ideais de 1905, prenderam-se ao exemplo para reivindicar maior autonomia aos movimentos sociais posteriores.

O texto de Rudolf Rocker adquire aí sua fundamental relevância: justamente quando ele discorre sobre a origem dos sovietes e as diversas refregas entre o bolchevismo e o anarquismo. Ao tratar do assunto, Rocker acaba por denunciar o nexo que existe entre estas iniciativas práticas, na aurora do século XX, e os memoráveis debates travados entre Bakunin e Marx no seio da velha Internacional. A oposição é ainda a mesma, ilustrada apenas pelos fatos. A tradição dual do socialismo, a centralista e a federalista, encontrou na Revolução Russa maneira e evidência de mostrar ao mundo o seu duplo caráter. Separadas pelo método, ambas as tendências, a libertária e a autoritária, mostraram-se incapazes de convivência duradoura. O relato ora apresentado, embora escrito no calor dos acontecimentos, no ano de 1921, não é menos verídico por ser seu autor um anarquista. É apenas o outro lado do cabo, tensionado em seus extremos pelas duas correntes do socialismo. Assim, em relação ao que disse Solomon Lozovski, fundador da Internacional Sindical Vermelha, sobre as "veleidades" e inclinações de independência dos sindicalistas revolucionários serem indícios da "velha ideologia adversária do marxismo" (o anarquismo), certamente estaria Rudolf Rocker, ao menos nesse aspecto, de pleno acordo com ele.

OS SOVIETES TRAÍDOS PELOS BOLCHEVIQUES

A FALÊNCIA DO COMUNISMO DE ESTADO RUSSO

A Rússia apresenta há alguns meses sinais de uma crise interna, cujas inevitáveis conseqüências poderiam ter importância sem dúvida mais decisiva para seu futuro próximo do que todos os tremores que a sacudiram até aqui durante a Revolução. Os compromissos econômicos do governo russo com o capitalismo estrangeiro, a revolta de Kronstadt, a declaração de guerra aberta aos anarquistas e aos sindicalistas feita por Lênin no x Congresso do Partido Comunista, a feroz perseguição de todos os partidos e tendências socialistas não-bolcheviques e, *last but not least*, o irrefutável processo de decomposição no interior do próprio Partido Comunista são todos fenômenos dos quais não se pode desconhecer a importância nem medir, hoje, os efeitos sobre o movimento operário internacional. É precisamente a extraordinária importância da crise atual para o conjunto do movimento socialista que nos leva a assumir publicamente uma posição.

No presente caso, não é tanto a crítica em si mesma quanto as manifestações que a acompanham e as circunstâncias nas quais ela é feita que tornam terrivelmente difícil uma tomada de posição clara e sem equívoco sobre a questão. Não se trata apenas, com efeito, de oposições teóricas determinadas e de concepções diferentes das fases prováveis do desenvolvimento social, mas de problemas de importância histórica mundial também, cuja solução num ou noutro sentido exerce uma influência poderosa sobre o futuro da Europa e do conjunto do mundo civilizado. Assim, todo socialista e revolucionário sincero deveria abordar esses problemas com ainda mais prudência e autocontrole, eliminar todas as questões de natureza pessoal de seu horizonte e esforçar-se para buscar o ponto central e a origem profunda de todos os fenômenos em questão. Todavia, mesmo nesse caso, um juízo terá sempre uma significação apenas relativa, estando sujeito a muitas opiniões errôneas, principalmente em relação aos pontos de importância secundária; ao menos, ter-se-á a satisfação pessoal de se ter resguardado desses impulsos cegos devido a humores passageiros, que foram, até o presente, um obstáculo insuperável a todo autêntico juízo.

Na grande batalha a favor ou contra Moscou, que começou agora em todo movimento operário, não se encontra, para dizer a verdade, qualquer exemplo de semelhante maneira de tratar o problema. Parece que se quer, ao contrário, impedir todo aprofundamento da questão por frenéticas deformações dos fatos e um culto limitado aos discursos grandiloqüentes. Um ódio cego, uma imbecil fraseologia desempenham sempre o papel mais eminente num combate que é de uma importância vital para o desenvolvimento do movimento socialista. Todavia, é preciso dizê-lo desde já, a responsabilidade desse estado desolador incumbe quase inteiramente aos homens de Moscou e aos partidos comunistas que seguem suas diretrizes. Não queremos falar dos excessos pessoais de alguns, que se deixam levar por seu temperamento ou pela paixão política, mas de um método friamente aplicado, que não recua ante qualquer baixeza, qualquer difamação pessoal, quando se trata de alcançar um determinado objetivo ou livrar-se de um adversário incômodo. Uma olhada na imprensa dos diferentes partidos comunistas, em particular na Alemanha, basta para assegurar que nossa afirmação é, infelizmente, demasiado bem fundada.

Quem não está cegamente de acordo com os *diktats* e as idéias dos homens no poder em Moscou e de seus pequenos seguidores no estrangeiro, vê-se irremediavelmente etiquetado como "contra-revolucionário" e estigmatizado como traidor do movimento operário. Toda a polêmica dessas pessoas visa, por assim dizer, ao envenenamento moral dos poços. É, no entanto, extraordinário que esses mesmos que se esforçam para desacreditar como "pequeno-burguesa" e "a serviço da burguesia" toda tendência do movimento operário que lhes desagrada, tenham tomado emprestado da mesma burguesia essa arma tristemente conhecida que é a suspeição sistemática dos adversários políticos.

A CALÚNIA, ARMA DA BURGUESIA

Quando Robespierre e Saint-Just preparavam a condenação dos hebertistas, a imprensa jacobina começou a acusar estes últimos de serem "agentes de Pitt". Desde então, esse jogo criminoso não cessa de ser jogado, e a última guerra forneceu-nos amplamente exemplos do procedimento. Quem quer que ousasse, na Inglaterra, na França ou alhures, dizer uma palavra de protesto contra a grande carnificina dos povos era tratado como agente alemão pela mortífera imprensa patriótica, enquanto, na própria Alemanha, todo aquele que se opusesse à guerra era evidentemente um "espião inglês". Ora, esse miserável método, cuja utilização permanecera, até o presente, o apanágio duvidoso do mais abjeto terrorismo jornalístico burguês, é hoje a arma preferida da imprensa do Partido Comunista russo e de suas tristes sucursais no estrangeiro.

Maria Spiridonova e os maximalistas: contra-revolucionários! Os anarquistas: contra-revolucionários! Makhno: um contra-revolucionário! Os insurretos de Kronstadt: contra-revolucionários! E quem não crê nele só pode, naturalmente, ser um contra-revolucionário!

As circunstâncias particulares do desenvolvimento da Revolução permitiram aos partidários do "comunismo" moderno pôr essa tática jesuítica em prática por tanto tempo e com tanto sucesso. A explosão da Revolução Russa foi, com efeito, o primeiro sinal cintilante do despertar da humanidade na horrível monotonia da matança que transformara a Europa em um imenso matadouro. O mundo inteiro pôs-se a respirar de novo: o malefício fora suprimido! A pavorosa hipnose da loucura assassina, que havia arrastado há anos a humanidade para uma ronda insensata de sangue e ruínas, perdera sua força – sentia-se chegar seu fim. Assim como outrora a guerra de independência dos colonos americanos havia dado um poderoso impulso à idéia revolucionária na antiga França, a Revolução Russa agia agora sobre a evolução na Alemanha e na Áustria, precipitando o desmoronamento das potências centrais. A Revolução havia libertado o mundo da maldição da guerra, o que explica o imenso entusiasmo que ela provocou em toda a classe operária e, inclusive, em meios de hábito completamente estranhos à causa revolucionária. Via-se nela o início de uma nova era na Europa e, no seio das massas proletárias, elevava-se um poderoso desejo de libertação da escravidão salariada, sobretudo após a queda de Kerenski e a tomada do poder pelos bolcheviques.

Nos países latinos, essa simpatia sem mistura pela Revolução Russa tinha uma outra razão particular. Lá, onde as tradições do velho movimento bakuninista ainda estão vivas nas massas operárias, estava-se por demais inclinado a confundir o bolchevismo com as idéias de Bakunin e suas tentativas de realização.

Quando, em seguida, as potências imperialistas da Entente mobilizaram-se contra a Rússia e ali desencadearam a contra-revolução, quando as hordas de Koltchak, Denikin e Wrangel ameaçaram a existência da República soviética, a simpatia de todo autêntico revolucionário, de qualquer tendência reivindicada, dirigiu-se sem reserva para a Rússia soviética, e todos aqueles que estejam, por pouco que seja, a par das coisas sabem que muitos deles, conquanto fossem fundamentalmente opostos às teorias bolcheviques, não permaneceram, contudo, em uma simpatia platônica. Tal foi, em particular, a atitude de nossos camaradas anarquistas, tanto na própria Rússia quanto em todos os outros países. Homens como Kropotkin, Malatesta, Bertoni, Domela Nieuwenhuis, Sébastien Faure e tantos outros, que desde o início opuseram-se expressamente ao bolchevismo, colocaram-se, sem hesitar por um instante sequer, ao lado da Rússia revolucionária, não porque estivessem de acordo com os princípios e as diretrizes bolcheviques, mas simplesmente porque eram revolucionários e, como tais, inimigos de toda tentativa contra-revolucionária.

A imprensa anarquista e sindicalista esforçou-se particularmente para observar uma grande contenção em sua crítica às idéias bolcheviques, para não levar água aos moinhos da contra-revolução. Muitas notícias que nos chegavam, muitas medidas do governo soviético que pensávamos ser fatais ao desenvolvimento da Revolução foram silenciadas, pois dizíamos a nós mesmos que não era o momento de criticar. Cada um de nós ressentia toda a força das enormes dificuldades que se acumulavam na Rússia e ameaçavam o curso dos acontecimentos revolucionários. Também dizíamos a nós mesmos que é mais fácil formular críticas do que melhorar as coisas, e foi esse sentimento instintivo de responsabilidade que fez com que muitos de nós se calassem em uma época em que a Rússia, sangrando por mil ferimentos, devia combater por seu destino. Mas foi justamente essa posição difícil, a que a irresistível pressão das circunstâncias empurrou todas as tendências não-bolcheviques do movimento socialista em geral, que deu aos partidários sem escrúpulos do bolchevismo a possibilidade de difamar como contra-revolucionários todos aqueles que seguiam uma outra via e não queriam dobrar-se a seu *diktat*.

É PRECISO TOMAR UMA POSIÇÃO

Os tempos mudaram desde aquela época. A própria Rússia chegou a uma guinada de sua evolução interna, que poderia ser decisiva para seu futuro. Os famosos 21 pontos de Lênin e a tentativa da III Internacional de atrair o conjunto do movimento operário na esteira do comunismo de Estado forçam-nos a tomar publicamente uma posição.

Aqueles que acreditavam que os dirigentes russos eram obrigados pela fatalidade da guerra a adotar medidas que os repugnavam em seu foro íntimo, e que, com o fim das hostilidades, o estado de guerra na vida política russa também encontraria chegar seu termo, ficaram amargamente decepcionados. O estado das coisas não melhorou: tornou-se simplesmente insuportável. Uma terrível reação domina hoje o país, sufocando toda vida espiritual.

No transcurso dos últimos meses, tivemos a oportunidade de conversar com dúzias de homens e mulheres que haviam participado dos congressos da III Internacional e da Internacional dos Sindicatos Vermelhos, em Moscou, e nos contaram o que eles vivenciaram e souberam. Entre eles encontravam-se partidários das mais diversas tendências socialistas e cidadãos de oito nações diferentes. Que mudança de ontem para hoje!

Outrora, a maioria deles que chegava da Rússia era

só louvores em relação a tudo que havia visto. Tudo era como devia ser, cada limitação de liberdade justificada pela absoluta necessidade, dada a situação crítica do país, e o mínimo princípio de dúvida significava uma alta traição à causa revolucionária. Dito isso, 90% de nossos rubros peregrinos, partidos à Meca moderna para absorver a sabedoria revolucionária na fonte, não tinham aprendido absolutamente nada relativo ao verdadeiro estado da Rússia. A maioria não conhecia o russo e hospedava-se no hotel Lux, em Moscou, ou em qualquer outro alojamento conveniente. Uma tropa de empregados zelosos — em sua maioria agentes da Tcheka — ocupava-se amplamente do bem-estar físico e intelectual de seus hóspedes e informava sobre todos os detalhes do maravilhoso mundo comunista. Sob sua condução, visitavam fábricas, escolas, teatros etc.; em confortáveis vagões de trens, ou mesmo em automóveis, faziam excursões pelo país — sempre sob os olhos vigilantes dos agentes soviéticos, atentos para que nada perturbasse o programa previsto. Mostravam-lhes vilas Potemkin e eles maravilhavam-se; quanto ao estado real do campo, pouquíssimos viam alguma coisa. A maioria nem sequer suspeitava de que era vítima de um péssimo charme teatral. Além disso, o Ministério das Finanças mostrava-se muito atencioso para com hóspedes e delegados, o que não deixava de contribuir, e muito, naturalmente, para aumentar na maioria alguns graus de entusiasmo. Assim, o mundo é, há alguns anos, inundado por uma torrente de artigos de jornais, brochuras e livros escritos por pessoas que, depois de terem passado seis ou oito semanas na Rússia, sentiram-se obrigadas a comunicar suas "experiências" a seus contemporâneos estupefatos. Ninguém menos que Bill Haywood acaba de nos dar um exemplo típico disso, enchendo, apenas dois dias após a sua chegada de Moscou, as colunas do jornal londrino

Daily Herald com um autêntico hino em louvor da Rússia soviética. Quando um homem como Haywood não recua diante de tão estúpida fraude, nem mesmo tendo, aparentemente, compreendido o caráter reprovável de tal maneira de agir, o que se pode esperar de espíritos subalternos de 3ª ou 4ª qualidade?

Entretanto, conforme dizíamos, uma grande mudança interveio nesse campo, e sentimos que uma profunda desilusão começa a revelar-se. Entre as dúzias de camaradas socialistas das mais diversas tendências evocados um pouco antes, de retorno da Rússia nessas últimas semanas, não encontramos mais um único para pronunciar um juízo marcado pela mesma ingenuidade de outrora. Todos, sem exceção, estavam muito inquietos, e a maioria, amargamente decepcionada com o que havia visto, dava livre curso a seus sentimentos. Vimos homens, em sua partida entusiastas e até mesmo partidários do bolchevismo, retornarem totalmente abatidos e tendo perdido toda esperança. Entre eles, um camarada espanhol que, alguns meses antes, havia inclusive acusado publicamente os sindicalistas alemães de mentalidade contra-revolucionária por terem comunicado ao mundo o apelo de socorro desesperado dos anarco-sindicalistas russos e exigido dos dirigentes russos a libertação dos revolucionários presos.

A ATMOSFERA SUFOCANTE DO DESPOTISMO

Não foram, em absoluto, as terríveis condições econômicas existentes na Rússia que conduziram esses homens e essas mulheres a revisar sua opinião, mas, sobretudo, a atmosfera sufocante do insuportável despotismo que hoje pesa ali como uma espessa nuvem e à qual foi reservado levar ao extremo os piores excessos do czarismo. A impiedosa repressão de todo pensamento livre, a ausência de toda garantia de liberdade pessoal, ainda que fosse no interior de certos limites — como é o caso nos países capitalistas —, a supressão de todos os direitos que garantem aos trabalhadores a simples possibilidade de fazer conhecer suas idéias e seus sentimentos — tais como a liberdade de reunião, de direito de greve etc. —, o pavoroso desenvolvimento de um sistema de polícia e espionagem que supera tudo o que pôde existir nesse sombrio campo, a caótica assembléia dos comissários e a cega rotina de toda uma hierarquia de funcionários sem espírito, que sufocou, há muito tempo, todo o movimento de autonomia e de vida nas massas, tudo isso, entre inúmeros outros fatos que já não se podem mais dissimular hoje com a mesma habilidade de outrora, abriu muitos olhos que pareciam ter sucumbido sem esperança à hipnose geral.

Mas, há outros fenômenos perturbadores manifestando-se hoje que muitos que retornaram há apenas alguns meses teriam, então, estimado impossíveis. Pessoas que, não faz muito tempo, declaravam traidor da classe operária e contra-revolucionário quem quer que ousasse emitir a mínima crítica relativa aos métodos e à maneira de agir dos ditadores moscovitas, tornaram-se hoje seus furiosos adversários. O Partido Comunista Operário Alemão (KAPD) oferece um exemplo clássico disso, com seus chefes de olhares ávidos de rublos que seduziam Moscou, tentando atrair a benevolência e as boas graças da central russa por uma fraseologia "revolucionária" nos limites da degenerescência cerebral. Há apenas três meses, esses liliputianos do espírito, que só se aprazem em poses de heróis de tragédia e demonstram terríveis cóleras quando alguns não levam sua estúpida farsa a sério, rastejavam literalmente aos pés da III Internacional e separavam-se de suas mais capazes cabeças para aproveitar-se do maná de rublos; ora, ei-los agora rivalizando formalmente na difamação dessa mesma Internacional e da União Soviética: "Lênin não quer a Revolução! A III Internacional é a maior escroqueria possível! Trotski, Zinoviev, Radek e consortes, escroques! O governo soviético tornado simples representante do capitalismo! O governo burguês soviético, advogado dos interesses da burguesia internacional!", tais são hoje os títulos do jornal *O Operário Comunista*. Quanto a nós, tememos que tão repentinas reviravoltas políticas renovem-se com freqüência e que os bolcheviques devam ainda conhecer muitas amargas decepções, precisamente da parte de seus partidários mais fanáticos e mais servilmente devotados. A última tomada de posição do Partido Comunista Alemão (KPD) e o caso Lévi e Camaradas são maus presságios, e dão o que pensar. Esses fenômenos são inevitáveis, pois um partido que deve comprar seus propagandistas e seus homens de confiança, pagando-lhes regularmente elevadas somas, longe de assim fazer verdadeiros amigos, favorece a extensão, em torno de si, de uma zona pantanosa de corrupção, que atrai irresistivelmente todos os aventureiros políticos e que lhe será, a mais ou menos breve termo, fatal.

Para o observador sério, as condenações atuais dos chefes do KPD não são mais importantes do que os louvores passados desses senhores. Deve-se levar muito pouco em conta, para um estudo sério dos acontecimentos russos, essas invectivas da imprensa burguesa, mas elas são importantes como sintomas do estado atual das coisas.

A FALÊNCIA DO SOCIALISMO DE ESTADO

O que podemos observar hoje na Rússia é o desmoronamento de um sistema, a declaração de falência do socialismo de Estado em sua mais desencorajadora forma. O caráter pessoal ou, como alguns sustentam, a falta de caráter dos atores desse drama desempenha nisso apenas um papel secundário. Quando o próprio Lênin vê-se obrigado a dizer que ao menos 50% dos "comissários" soviéticos não deveriam estar nos postos que ocupam, isso ainda não prova em si mesmo que seu sistema é mau. Mas que ele não possa mais se livrar dos maus espíritos que libertou e que agora o superam em estatura, eis aí um fenômeno que tem sua raiz no sistema e que só pode ser explicado por ele.

Lênin, esse grande oportunista, sabe-o muito bem, mesmo que não ouse confessá-lo abertamente. Sabe que a experiência bolchevique faliu irremediavelmente e que nada no mundo pode fazer com que o que aconteceu não tenha acontecido. Eis por que ele chama o capitalismo internacional ao seu socorro, qualquer outro caminho sendo-lhe barrado. Censurar-lhe por ter repentinamente se tornado moderado, dizer que se deve buscar nessa mudança de opinião a explicação de sua atual política de compromisso não tem o menor fundamento, e é até mesmo simplesmente absurdo. O governo russo faz acordo com o capitalismo estrangeiro não porque Lênin e outros com ele tornaram-se efetivamente moderados, mas porque ele não tem outro meio. O passo que ele dá hoje não se deve a uma mudança de idéias, mas à inflexível necessidade, nascida de circunstâncias que ele próprio, mais do que ninguém, contribuiu para criar.

É verdade, ele poderia voluntariamente partir, cedendo o lugar aos elementos de esquerda, mas é justamente isso que um governo não faz. Com efeito, é uma característica essencial de todo poder que aqueles que o detêm busquem por todos os meios conservar o monopólio de sua dominação. No que concerne ao atual governo soviético, é preciso ainda especialmente considerar que sua aposentadoria, nas condições presentes, teria obrigatoriamente pesadas conseqüências pessoais para seus membros; daí a necessidade atual de eles afirmarem seu poder sem qualquer concessão. A célebre frase de Lênin — "Estamos prontos a todos os compromissos no campo econômico, mas a nenhum no campo político" — é, sob esse ponto de vista, muito clara, e dificilmente pode prestar-se a mal-entendido.

Assim, explica-se também a perseguição aos anarquistas, sindicalistas, maximalistas etc., conduzida nesses últimos tempos com um ardor muito particular: não são justamente aqueles que poderiam fazer obstáculo à guinada à direita e que devem, em conseqüência, quer dizer, em verdade, no interesse da razão de Estado, ser afastados de uma maneira ou de outra?

O fato de que o governo soviético não tenha sequer hesitado ao fechar a tipografia do *Golos Truda*, que se ocupava principalmente da edição das obras de Kropotkin, é sem dúvida a melhor prova do rumo que os bolcheviques deram à sua máquina de Estado. Dirigem-se com todas as velas abertas rumo à direita e, a fim de que a passagem se faça da maneira mais fácil possível e sem conflitos demasiado graves, o interesse da atual política governamental exige a exclusão dos elementos de esquerda.

Ocorrem, hoje, na Rússia, eventos semelhantes àqueles de março de 1794, durante a Revolução Francesa. Quando Robespierre e o punhado de homens, que tinham naquele momento os destinos da França, orientaram sua política para a direita, eles foram forçados a abater a oposição de esquerda. Eles enviaram ao cadafalso os homens da Comuna, hebertistas e *Enragés* — quer dizer, aqueles que o girondino Brissot denominava de modo significativo "os anarquistas" — assim como hoje, na Rússia, aprisionam ou entregam ao carrasco os verdadeiros defensores do sistema soviético: os anarquistas, os sindicalistas e os maximalistas. A política de Robespierre conduziu a França ao IX Thermidor e, em seguida, à ditadura militar de Napoleão. A que abismo a política de Lênin e de seus camaradas conduzirá a Rússia?

UM FALSO
ARGUMENTO HISTÓRICO

Já dissemos antes que as condições históricas particulares, nas quais a Revolução Russa desenvolveu-se até aqui, vieram muito a propósito para os bolcheviques no combate contra seus adversários políticos. A situação extremamente difícil na qual se encontrou a República soviética durante as primeiras fases do regime bolchevique, quando as hordas da contra-revolução, apoiadas pelo estrangeiro, ameaçavam sua própria existência, fez com que se aceitasse cada medida de coerção do governo russo, cada medida de repressão pela violência da crítica pública como sendo normal, e que as pessoas se habituassem a justificá-las moralmente em consideração às terríveis circunstâncias. Por mais compreensível que tal concepção nos pareça, ela não deixa de comportar o grande perigo de perturbar o espírito crítico a ponto de suprimi-lo pouco a pouco por completo. É assim, com efeito, que o observador perde, sem nem mesmo se dar conta disso, e de modo insensível, todo juízo pessoal e todo senso das proporções dos eventos reais. Uma hipótese feita sob reservas torna-se, enfim, a seus olhos, um princípio inflexível e uma necessidade fatal. Assim, um grande número de nossos próprios camaradas anarquistas — e não absolutamente dos menos válidos — chegou a defender os bolcheviques em cada um de seus atos, porque consideravam estes como "historicamente necessários". A maioria de nossos camaradas, inclusive na Rússia, foi vítima da mesma hipnose, até que as cruéis experiências que eles tiveram abriram-lhes enfim os olhos.

Adquiriu-se o hábito de aprovar de olhos fechados tudo o que vinha da Rússia e, quando não se estava exatamente entusiasmado por muitas das medidas adotadas, consolava-se dizendo que elas eram inevitáveis no interesse da Revolução. Chegou-se, assim, a um acomodamento em relação a todo ato despótico do governo e a cada violação brutal dos mais elementares direitos do homem, ainda que fossem dirigidos contra autênticos revolucionários, ao menos tão devotados à causa do socialismo quanto os porta-vozes do Estado bolchevique.

"O que quereis?" — diziam-nos. — "As revoluções não são feitas com água de rosa. No momento em que toda a reação internacional uniu-se para combater a Revolução, o governo soviético é simplesmente obrigado a tomar tais medidas." E atraíam com uma predileção particular nossa atenção para a história da grande Revolução Francesa para nos convencer, pelo argumento da experiência histórica, de que toda grande convulsão social está ligada a fenômenos semelhantes àqueles que hoje observamos na Rússia.

O EXEMPLO DA REVOLUÇÃO FRANCESA

Infelizmente, é bem o contrário que nos mostra a experiência histórica. A verdadeira "ditadura" de Robespierre e de seus partidários — e, com ela, a perseguição de todas as tendências realmente revolucionárias — só começou quando a Revolução acabou e o Estado centralizado a sucedeu. Mesmo no período mais crítico que a França revolucionária teve de atravessar, jamais se ousou tentar sufocar a imprensa revolucionária das diferentes tendências, mantendo em funcionamento somente os órgãos oficiais do governo. Os mais extremados partidários da ditadura nem sequer ousaram sonhar com tais medidas. Mesmo na mais terrível época, quando os exércitos estrangeiros encontravam-se no território francês e que a contra-revolução erguia, na Vendéia e nas outras regiões, sua cabeça ameaçadora, não se pensou em suprimir a liberdade de reunião nem proibir toda crítica dos negócios públicos, como é o caso na Rússia há vários anos. É verdade, os jacobinos esforçaram-se sem trégua para reunir todas as forças revolucionárias nas mãos de um governo central forte, mas suas tentativas não tiveram sucesso pelo tempo em que a revolução seguiu uma linha ascendente. Até mesmo homens como Jacques Roux, Leclerc, Varlet, Dolivet, Chalier e muitos outros elementos ultra-revolucionários, que foram sempre as bestas-feras para Robespierre e seus partidários, puderam prosseguir publicamente sua propaganda oral e escrita. E que não se creia que a crítica pública contra a Assembléia Nacional, depois a Convenção, fazia-se em um tom moderado! Uma olhada na imprensa revolucionária da época basta para convencer-se do contrário.

Essa liberdade de expressão das opiniões era, por sinal, o motor necessário ao progresso da Revolução e ao desenvolvimento da iniciativa criadora do povo. Se a Revolução Francesa foi capaz de superar todos os obstáculos que se acumularam diante dela e libertar o país — e com ele a Europa — da tirania da monarquia absoluta e do jugo da servidão, foi porque as forças revolucionárias souberam conservar sua autonomia e não se submeteram a qualquer ditadura governamental. As seções revolucionárias de Paris e das províncias, no seio das quais reuniam-se os homens de ação, formando, por assim dizer, o sistema nervoso desse grande movimento popular, representavam um contrapeso seguro à onipotência de um governo central que só podia perturbar o ímpeto revolucionário e fazer-lhe falhar em seus objetivos. Foi só mais tarde, quando as forças revolucionárias ativas esgotaram-se no combate e que os jacobinos conseguiram despojar as seções de sua autonomia e incorporá-las como órgãos subordinados ao aparelho central de Estado, foi só então que começou o declínio da Revolução. A vitória de Robespierre foi também a da contra-revolução. Os dias 24 de março de 1794 e IX Thermidor são os dois pilares sobre os quais edificou-se a vitória da reação.

Reportar-se à Revolução Francesa para justificar a tática dos bolcheviques na Rússia é, portanto, dar provas de um total desconhecimento dos fatos históricos, que apresentam uma imagem completamente diferente. Em todos os momentos decisivos da Revolução Francesa, com efeito, a iniciativa da ação veio, para dizer a verdade, diretamente do povo. É nessa manifestação criadora das massas que reside todo o segredo da Revolução, e foi precisamente porque as forças revolucionárias puderam desenvolver-se livremente, e cada tendência no seio do povo encontrar o lugar adaptado à sua eficácia, que a Revolução foi capaz de abater todos os seus inimigos e suprimir radicalmente o ignominioso sistema feudal. E foi precisamente porque o governo bolchevique conseguiu paralisar todo movimento autônomo das massas, suprimir pela força brutal todas as outras tendências, sufocando, assim, sistematicamente, toda autêntica iniciativa revolucionária no seio do povo, que ele é hoje obrigado a voltar ao capitalismo, depois que seus membros deram-se conta de que não podem, unicamente por suas forças, realizar seus objetivos iniciais. Os sovietes teriam podido desempenhar na Rússia o mesmo papel das seções durante a Revolução Francesa; mas, uma vez que foram despojados de sua autonomia pelo poder central, que só deixou subsistir deles o nome, eles perderam infalivelmente toda influência fecunda no curso da Revolução. Só lhes restou arrastar a existência inútil e vegetativa dos órgãos subordinados ao Estado.

LÊNIN E O SISTEMA DOS CONSELHOS

Os bolcheviques nunca foram partidários de um autêntico sistema dos conselhos. Em 1905, Lênin explicava, por exemplo, ao presidente do soviete de São Petersburgo, que "seu Partido não podia simpatizar com a instituição ultrapassada do sistema dos conselhos". Mas como as primeiras etapas da Revolução Russa haviam justamente se desenvolvido na base do sistema dos conselhos, os bolcheviques, quando tomaram o poder, tiveram de acomodar-se, de bom ou mau grado, com essa herança, muito duvidosa a seus olhos. Toda a sua atividade tendeu, então, a despojá-los pouco a pouco de todo poder e subordiná-los ao governo central. Que eles tenham conseguido isso, eis, segundo nosso ponto de vista, a imensa tragédia da Revolução Russa. Trabalhando sistematicamente para a subordinação de todas as manifestações da vida social ao poder absoluto de um governo dotado de todos os direitos, só se podia chegar a essa hierarquia estreita de funcionários, que foi fatal ao desenvolvimento da Revolução Russa.

Quando Lênin hoje explica que é preciso fazer com que o capitalismo seja dirigido nas águas do capitalismo de Estado, com o socialismo só podendo desenvolver-se a partir deste último, isso nada mais é que uma frase destinada a acobertar seu embaraço e ditada pela dura pressão das condições atuais – ele o sabe melhor do que ninguém. Mas é necessário tornar menos amargo aos operários socialistas o atual curso à direita, e não se pode mostrar-se demasiado difícil na escolha dos argumentos.

Sustentamos, no que nos concerne, que as cruéis perseguições às quais estão hoje submetidas na Rússia as mais variadas tendências socialistas – especialmente aquelas de esquerda —, e a repressão brutal e sistemática de toda opinião que não tenda à cega justificação do sistema atual, não nascem absolutamente do sentimento da necessidade de defender as conquistas da Revolução e a existência da República soviética contra intrigas inimigas, mas sim, ao contrário, da cega suficiência autoritária de um pequeno grupo que busca encobrir sua sede de poder com o nome glorioso de "ditadura do proletariado".

A ATIVIDADE "CONTRA-REVOLUCIONÁRIA"
dos anarquistas russos

UMA MANOBRA DE BUKHARIN

Durante a sessão final do congresso da Internacional dos Sindicatos Vermelhos, em Moscou, ocorreu um incidente significativo. Bukharin, que assistia ao congresso na condição de observador, tomou repentinamente a palavra, para grande espanto dos delegados estrangeiros, e lançou um ataque cheio de ódio contra os anarquistas. Os delegados tinham, de fato, razões para o espanto, pois só uma minoria deles estava em condições de adivinhar a causa profunda desse terrível episódio.

Pouco após a chegada dos delegados estrangeiros, uma comissão especial foi constituída com a missão de apresentar a Lênin e a outros representantes importantes do governo soviético uma petição solicitando a libertação dos anarquistas e anarco-sindicalistas presos. Prometeram aos membros dessa comissão fazer tudo o que podia ser feito em relação a isso e engajar-se, ao mesmo tempo, em não falar publicamente no congresso desse deplorável caso. A comissão manteve sua palavra e, durante todo o congresso, a questão dos revolucionários encarcerados não foi evocada. Pode-se, então, imaginar o estupor dos membros da comissão quando, repentinamente e, por assim dizer, bem no momento do fechamento das portas, Bukharin trouxe sem qualquer motivação esta questão diante do fórum do congresso. Mas o estupor foi ainda maior quando, após o discurso de Bukharin, o delegado francês Sirolle solicitou a palavra para fazer uma declaração em nome da comissão e o presidente do congresso, Lozovski, recusou-lha categoricamente. Este comportamento autoritário do presidente, concedendo a palavra a um não-delegado — e, além do mais, sobre uma questão que não estava na ordem do dia do congresso — para recusar o direito de resposta a um delegado, suscitou de maneira bem compreensível uma viva emoção no congresso. As agitações foram tais que o congresso ameaçou concluir-se no caos, e Lozovski viu-se, enfim, obrigado a ceder à vontade geral dos delegados e conceder a palavra a Sirolle, concessão tornada absolutamente necessária para evitar uma ruptura pública.

A intenção de Bukharin era demasiado evidente. Ele queria simplesmente surpreender o congresso para poupar o governo de outras explicações relativas a uma questão muito incômoda e extremamente delicada para ele. Todavia, para os delegados estrangeiros, que não conheciam o suficiente os hábitos russos, a manobra era demasiado grosseira e falhou em seu objetivo.

Bukharin tentou explicar que não se deveria de maneira alguma comparar os anarquistas russos àqueles de outros países, pois se tratava, na Rússia, de uma espécie completamente particular, contra a qual o governo devia defender-se. Os anarquistas encarcerados eram simples criminosos, partidários do "chefe do bando", Makhno, pessoas que haviam sido apanhadas de armas na mão, contra-revolucionários comprovados etc.

Bukharin é, sem sombra de dúvida e a seu modo, um homem astuto que, se tivesse na época honrado com sua presença a tristemente célebre conferência antianarquista de Roma, não teria decerto desonrado esse grupo. Entretanto, infelizmente para ele, suas afirmações pecam pela mínima falta de relações convergentes com a realidade dos fatos. Trata-se, no seu caso, de livres invenções de um homem que busca salvar por todos os meios o prestígio ameaçado de seu governo, ainda que às expensas da verdade.

A imensa maioria dos anarquistas presos na Rússia soviética não é partidária de Makhno, assim como não foi apanhada de arma na mão. A razão de suas detenções nunca lhes foi comunicada; simplesmente jogaram-nos na prisão por causa de suas idéias. Alguns dos camaradas recém-encarcerados exigiram dos agentes da Comissão Extraordinária uma explicação para sua prisão. "Nada fizestes", foi-lhes respondido, "mas poderíeis fazer algo". Imaginem a tempestade de indignação que se criaria em um Estado burguês atual, cuja polícia desse prova de tal cínica franqueza.

O que é, de fato, a atividade pretensamente "contra-revolucionária" dos anarquistas russos? Basta considerar de mais perto o papel deles na Revolução para se convencer de que falta à acusação dirigida contra eles pelos bolcheviques qualquer fundamento real e só pode ser atribuída à calúnia malfazeja por razões políticas.

Quando eclodiu a Revolução, os anarquistas desempenharam um papel importante e estiveram entre os elementos mais ativos do movimento revolucionário em seu conjunto. Eles tinham então um grande número de jornais diários, e sua propaganda havia penetrado profundamente nas massas. Em Kronstadt, Odessa, Iekaterinburgo e inúmeras outras cidades importantes, eles tinham as massas operárias com eles. Entre as diferentes tendências, os anarco-comunistas e os anarco-sindicalistas gozavam da maior influência.

Os anarquistas foram os primeiros a atacar o governo provisório, e isso em uma época em que Lênin e os bolcheviques ainda falavam em favor da Assembléia Nacional. Do mesmo modo, eles haviam criado sua palavra de ordem "Todo o poder aos Sovietes!", enquanto os bolcheviques nem sequer sabiam, nesse momento, que atitude deveriam tomar em relação a estes últimos.

OS ANARQUISTAS NA PONTA DO COMBATE

Quando começou a luta aberta contra o governo Kerenski, os anarquistas foram os primeiros em liça para pôr as massas em movimento. Antes mesmo que eclodissem as insurreições de Moscou e Petrogrado, os operários anarquistas de Iekaterinburgo já haviam se insurgido; mas em Moscou e em Petrogrado eles também se encontraram na ponta do movimento. Foi o anarquista Anatol Grigorievitch Zelesniakov quem, conduzindo os marujos de Kronstadt, penetrou no Parlamento e enviou os deputados para seus lares, o mesmo Zelesniakov cuja cabeça havia sido colocada a prêmio (400.000 rublos) por Denikin, e que tombaria em julho de 1919 na luta contra os guardas brancos, próximo de Iekaterinoslav.

É um fato incontestável que, sem a ajuda enérgica dos anarquistas, os bolcheviques nunca teriam chegado ao poder. Os anarquistas combateram em toda parte, nos locais mais perigosos. Assim, quando os guardas brancos aliaram-se em Moscou aos bandos de assassinos dos "Cem-Negros" e entrincheiraram-se no hotel Metropol, foram eles que tomaram de assalto esse bastião, após uma sangrenta batalha que durou três dias inteiros.

No excerto a seguir, extraído da revista *Les Temps Nouveaux*, um dos nossos camaradas russos descreveu de maneira muito expressiva os eventos dessa época:

Lênin apressou-se em publicar um decreto — foi seu primeiro — no qual ele declarava que seu partido doravante se denominaria Partido dos Comunistas. Esse decreto foi publicado nos *Izvestia*, que anunciavam, por sinal, que o governo estava decidido a introduzir o comunismo em toda a Rússia. A Federação Anarquista de Petrogrado pediu então a Lênin que explicasse o que ele entendia por comunismo e de que maneira ele pensava em aplicá-lo, se ele queria o comunismo livre ou um comunismo a seu modo, inventado pelos bolcheviques para pôr as massas camponesas e operárias a reboque de seu partido. Lênin respondeu que ele desejava seriamente introduzir o comunismo livre em toda a Rússia, acrescentando, contudo, que isso não podia ser realizado senão gradualmente e pedindo ao mesmo tempo a enérgica colaboração de todos os grupos anarquistas, a fim de que ele estivesse em condições de cumprir essa difícil e imensa tarefa. Os anarquistas foram bastante ingênuos para tomar essas palavras como fato consumado e apoiar os bolcheviques em sua luta pelo objetivo comum.

Tudo isso se passava em uma época em que os bolcheviques ainda não estavam seguros do futuro mais próximo, em que os perigos ameaçavam de todos os lados e os elementos contra-revolucionários punham-se à obra em todos os cantos do país. Em Petrogrado, em particular, os apoios da reação não dormiam: eles buscavam por todos os meios excitar as massas ignorantes ao assassínio e à pilhagem para fazer cair o novo governo. Nesse período extremamente crítico para eles, os bolcheviques, vendo que os anarquistas eram um precioso apoio, não hesitaram em fazer uso dessa força pelo tempo que a situação o exigiu. Assim, em dezembro de 1917, quando Petrogrado estava às voltas com hordas de soldados que retornavam do *front* e outros elementos duvidosos, esses bandos, armados até os dentes, penetravam nas lojas e depósitos de víveres e pilhavam com deleite. Os bolcheviques enviaram guardas vermelhos aos lugares ameaçados para pôr fim às pilhagens. Tentaram de início com os marujos, nos quais ainda tinham confiança. Após algumas tímidas tentativas, estes passaram enfim para o lado dos que pilhavam, fazendo causa comum com eles. Nessa situação extremamente incômoda, só os anarquistas mostraram-se capazes de opor-se às hordas em questão e fazer cessar as pilhagens, não sem pagar um elevado preço, deixando no terreno um grande número de mortos e feridos.

Uma vez passados os perigos, os bolcheviques começaram a olhar as organizações anarquistas com desconfiança. Eles viram nelas inimigos perigosos, mais perigosos ainda que os contra-revolucionários, pois sua influência sobre os camponeses e os operários tornava-se a cada dia maior, e organizavam em todas as partes uniões sindicalistas e comunidades aldeãs segundo suas concepções. O governo bolchevique não ousou, contudo, combatê-los imediatamente, pois o solo sob seus pés ainda era demasiado instável. Começaram, então, uma luta dissimulada contra os anarquistas na imprensa bolchevique. Eles contavam sempre poder atrair para seu lado os melhores elementos entre os anarquistas, oferecendo-lhes postos oficiais no aparelho governamental, o que deu certo, infelizmente, com muitos deles, que ocupam ainda hoje muitos importantes cargos na administração soviética.

MASSACRE DOS BOLCHEVIQUES. POSIÇÃO DOS ANARQUISTAS

Após o armistício com a Alemanha, a miséria fez-se sentir de maneira muito dura nas massas. Os "comissários do povo" não encontraram outro remédio a esse mal senão lançar decretos e mais decretos, o que não podia evidentemente ter qualquer efeito. Os anarquistas, como todos os outros revolucionários sérios, já vendo para onde conduziam as ações dos bolcheviques, não puderam, naturalmente, permanecer indiferentes à ruína geral que ameaçava o país e toda a população. Eles começaram, então, a reagir com os socialistas-revolucionários de esquerda. Sua primeira obra foi criar cozinhas populares e asilos para a população faminta e sem moradia. Mas eles tentaram sobretudo reunir os trabalhadores das cidades e dos campos em sindicatos e criar comunidades comunistas aldeãs.

O conde de Mirbach, representante do governo alemão em Moscou, deu a entender a Lênin que um Estado digno desse nome não podia tolerar sob nenhuma condição as ações de pessoas como os anarquistas, o que forneceu a este último um pretexto para passar aos atos. Lênin ordenou a tomada de assalto e a ocupação dos locais anarquistas. Na noite de 14 de abril de 1918, cercaram todos os prédios onde os anarquistas reuniam-se, levaram para lá canhões e metralhadoras e colocaram-nos em funcionamento. O bombardeio durou a noite toda, e a batalha foi tão violenta que se acreditou que um exército estrangeiro tentava tomar a cidade. No dia seguinte, o bairro onde os combates haviam sido brutais oferecia um aspecto pavoroso: os tiros de canhão haviam transformado casas em semi-ruínas; entre móveis aos pedaços e paredes derrubadas, nos pátios e no chão jaziam cadáveres. Em todas as partes podiam-se ver também restos sangrentos de corpos humanos: cabeças, braços, intestinos, orelhas, e o sangue escorria nas sarjetas. O governo bolchevique triunfara. Bela Kun, o futuro ditador da Hungria, que havia dirigido esse massacre, era vencedor.

No dia seguinte a esse massacre, a comoção foi enorme. Toda a população estava indignada e o protesto geral foi tão forte que Lênin e Trotski foram obrigados a se reabilitar aos olhos do povo. Eles explicaram que não tinham a intenção de combater todos os anarquistas, mas somente aqueles que não queriam submeter-se à ditadura. Em seguida, os anarquistas que se encontravam nas mãos da Tcheka foram soltos, mas as organizações anarquistas foram dissolvidas, suas livrarias fechadas e sua literatura queimada. Metade dos grupos foi então eliminada, outra parte dos camaradas languesceu atrás dos muros das prisões, e o resto está disseminado sobre o conjunto do território russo, como outrora sob o regime czarista.

Estes fatos, cuja exatidão foi-nos confirmada desde então por muitos camaradas russos bem conhecidos no movimento internacional, dão-nos uma imagem bastante clara da evolução política na Rússia. Sobre a atividade dos anarquistas nessa época e sua tendência geral, bastará citar aqui a resolução adotada em 25 de agosto de 1918 no Congresso da Confederação dos Anarco-sindicalistas Pan-russos. O congresso decidiu:

1. lutar contra o poder do Estado e do capitalismo; reunir os sovietes independentes em federações e empreender a reunião das organizações operárias e camponesas independentes com vistas à produção;

2. recomendar aos trabalhadores a criação de sovietes livres e a luta contra a instituição dos conselhos dos comissários do povo, pois eles representam uma forma de organização que só pode ter conseqüências funestas para a classe operária;

3. dissolver o exército militarista e armar os operários e camponeses; explicar-lhes ao mesmo tempo a caducidade da noção de "pátria socialista", pois a pátria dos operários e dos camponeses só pode ser o mundo inteiro;

4. lutar da maneira mais firme contra os contra-revolucionários tcheco-eslovacos e todas as outras tentativas imperialistas, sem esquecer, ao fazer isso, que o partido ultra-revolucionário dos bolcheviques tornou-se, ele também, conservador e reacionário;

5. colocar diretamente nas mãos das organizações operárias e camponesas a distribuição dos víveres e outros bens de consumo; parar as expedições armadas

contra os camponeses, que os tornam hostis aos operários, enfraquecendo, assim, a solidariedade entre operários e camponeses e causando prejuízo ao *front* revolucionário, em proveito da contra-revolução.

Pode-se apreciar de maneira diferente o valor teórico e prático dessa resolução, mas, por pouco que se esteja ainda de posse de seus cinco sentidos ou não se esteja diretamente concernido nisso, seja politicamente, seja de uma outra maneira, ninguém ousará sustentar que tais atividades e reivindicações possam ser qualificadas de contra-revolucionárias.

Muito pelo contrário, a evolução ulterior na Rússia provou-nos que nossos camaradas haviam julgado a situação de modo completamente exato e que muitas de suas previsões realizaram-se ao pé da letra. Nunca os anarquistas russos prestaram serviço à reação ou ajuda, no que quer que seja, a seus esforços. Ao contrário, eles sempre foram os primeiros na arena, quando se tratou de combater as manobras da contra-revolução e arriscar sua vida pela defesa da Revolução; eles fizeram imensos sacrifícios em vidas, e tratá-los de contra-revolucionários é uma desleal infâmia, ainda que ela seja cometida no interesse de um governo ou de um partido "comunista".

Enquanto os bolcheviques precisaram dos anarquistas, eles nem sequer sonharam em aviltá-los aos olhos do mundo como contra-revolucionários. Ao contrário, a imprensa bolchevique um dia citou-os, a seus próprios partidários, como exemplo de energia e resolução revolucionária, e que muitas "cabeças" atuais do partido necessitariam, com efeito, que se lhes pusesse um tal exemplo sob os olhos. Não lembraremos aqui senão o papel muito pouco heróico desempenhado por Zinoviev e Kamenev, durante essas jornadas memoráveis que precederam a sublevação de Outubro de 1917. Eles eram, então, os adversários mais encarniçados da sublevação que, no entanto, deu o poder a seu partido e que eles tentaram impedir por todos os meios. Ninguém menos que o próprio Lênin acusou-os, em um texto público, de covardia e falta de caráter, censurando-os por "terem esquecido todas as idéias fundamentais do bolchevismo e do internacionalismo revolucionário proletário". Mas, em seguida, eles reconheceram seus erros em boa e devida forma e foram reintegrados na comunidade dos santos.

Lembranças tão vivas não impedem em absoluto, contudo, que as mesmas pessoas tratem de contra-revolucionários todos aqueles que não se prestam a dançar ao som de seus instrumentos. Essa seria uma farsa demasiado cômica se não fosse ao mesmo tempo tão indizivelmente trágica.

Não podemos nos impedir de pensar nas palavras do famoso "prefeito das barricadas" parisienses, Caussidière, em relação a Bakunin, em 1848: "Que homem! No primeiro dia de uma revolução, ele faz simplesmente maravilhas, mas, no segundo, seria preciso fuzilá-lo".

Esta foi, com efeito, a mesma política aplicada pelos bolcheviques contra os anarquistas: no primeiro dia, glorificaram-nos; no segundo, colocaram-nos na cruz. Mas políticos e homens no poder de todos os tempos e de todos os países agiram alguma vez de outra maneira? Os bolcheviques provaram que não fazem exceção a essa regra.

NESTOR MAKHNO
E OS BOLCHEVIQUES

Convém dizer aqui algumas palavras sobre Nestor Makhno e seu movimento, que são tratados à parte, do modo mais virulento, pela imprensa bolchevique. É interessante ver como se emprega contra ele o mesmo método utilizado contra os anarquistas em geral, ou seja, o louvor ou a condenação segundo se necessita ou não dele. Houve períodos em que a imprensa bolchevique denegriu Makhno como contra-revolucionário da pior espécie, aliado de Denikin e Wrangel, e períodos em que a mesma imprensa celebrou-o como um bom revolucionário, aliado do governo soviético. Não surpreende que, em seguida, os boatos mais extravagantes corressem sobre sua pessoa e sobre os motivos de suas atividades.

Um camarada conhecido em Moscou, e nosso amigo de longa data, enviou-nos o seguinte esboço biográfico, que define muito bem a personalidade do líder dos partidários ucranianos:

Nestor Makhno, hoje com 30 anos aproximadamente, é um camponês simples. Membro ativo do movimento revolucionário desde 1901, pertenceu a um grupo terrorista anarquista. Condenado à morte pelo assassinato de um policial da província de Iekaterinoslav, sua pena foi comutada, em razão de sua pouca idade, em trabalhos forçados perpétuos. Libertado pela Revolução em 1917, voltou à sua região natal e tomou parte na organização da população aldeã.

No começo de 1918, a reação começou na Ucrânia. Os austríacos, os alemães e o *hetman* Skoropadski governavam o país. Os camponeses, os operários e os revolucionários eram violentamente perseguidos e abatidos em massa. Makhno, com seis camaradas, fundou uma organização de combate, que engajou uma luta das mais resolutas contra as tropas estrangeiras e a polícia do *hetman*. Seus sucessos aumentaram rapidamente o número de seus partidários, e o pequeno grupo logo chegou a contar duzentos homens.

Após libertar a Ucrânia da soldadesca estrangeira e dos bandos armados do *hetman* Skoropadski, Makhno começou a luta contra Petliura. Ao final do ano, já dispunha de um autêntico exército de franco-atiradores.

CHANTAGEM DAS MUNIÇÕES E CALÚNIA

"Petliura derrotado, os bolcheviques ocuparam a Ucrânia. Como anarquista, Makhno não podia fazer causa comum com eles, conquanto lhe tivessem feito as promessas mais engajadoras — como, por exemplo, nomeá-lo comandante das forças armadas ucranianas, sob a única condição de que ele consentisse em ser colocado sob as ordens de Trotski. Makhno recusou, explicando que lhe era impossível colaborar com pessoas cujo objetivo era a conquista do poder. Consagrou-se, então, à agitação e organizou a luta contra o novo exército reacionário de Denikin, mas os bolcheviques declararam que não podiam confiá-la a um exército de franco-atiradores e, não se sentindo bastante forte para marchar contra os makhnovistas, acreditaram poder quebrar a resistência de Makhno recusando-lhe munições. Trotski disse que só as distribuiria se Makhno aceitasse submeter-se ao comando do Exército Vermelho. Makhno se encontrava numa posição perigosa, colocado com seus camaradas entre o martelo e a bigorna — entre Denikin e o Exército Vermelho. Tinha aproximadamente 50 mil homens, mas estava quase sem munição. Em sua luta contra o *hetman* Petliura, ele havia estado praticamente só, pois o Exército Vermelho nessa época ainda encontrava-se extremamente fraco e mal organizado, embora os bolcheviques haviam-lhe fornecido abundantemente munições — a bem da verdade, em seu próprio interesse. Agora recusavam de uma única vez todo direito de existência aos makhnovistas, sob pretexto de que eles eram franco-atiradores; na realidade, era porque Makhno não aceitava submeter-se às ordens de Trotski.

Este último crera que, ao recusar as munições aos makhnovistas, tornaria o líder dócil. Quando viu que Makhno permanecia em sua posição, decidiu matá-lo a qualquer preço. Durante uma reunião em Kharkov, em 29 de abril de 1919, tratou Makhno como simples bandido e declarou que seria melhor que a Ucrânia fosse ocupada pelos brancos do que entregue aos makhnovistas, pois, se Denikin ocupasse o país, os camponeses apelariam aos bolcheviques.

Assim se explica por que Makhno foi deixado sem armas e por que o Exército Vermelho permaneceu de armas ao chão quando Denikin, em furioso ataque contra os makhnovistas desarmados, furou seu *front*. É verdade, o Exército Vermelho também foi obrigado a recuar, mas o objetivo buscado por essa tática foi alcançado: Makhno foi completamente vencido e obrigado a abandonar o campo de batalha com o resto de suas tropas. Ao mesmo tempo, explicava-se na imprensa bolchevique a retirada do Exército Vermelho pela traição de Makhno, que o governo soviético declarava fora da lei. Pouco depois, quando descobriram seu irmão num hospital, pensando ter capturado Makhno, fuzilaram-no.

Graças à derrota de Makhno, Denikin conquistara uma enorme vantagem. Suas tropas, fazendo o Exército Vermelho recuar, penetraram vitoriosamente na Rússia. Nessa situação crítica, Makhno conseguiu, contudo, reorganizar seus partidários, assaltar Denikin pela retaguarda e, com um audacioso ataque surpresa, separá-lo de suas provisões de munição e víveres. Assim, o Exército Vermelho ficou em condições de retomar a ofensiva e, na imprensa bolchevique, reconheceram de imediato a qualidade de revolucionário de Makhno, enquanto o governo anulava o ato que colocara fora da lei o pretenso 'chefe de bandidos'. Todavia, após a derrota definitiva de Denikin, Trotski exigiu o desarmamento dos makhnovistas e, diante de sua recusa, Makhno foi mais uma vez declarado bandido e fora-da-lei. A dura luta que se engajou então entre ele e os bolcheviques, e bem amiúde assumiu formas terríveis, não pôde conhecer decisão definitiva antes que a entrada em cena de Wrangel inaugurasse uma nova fase nas relações do governo soviético com os makhnovistas."

Essas informações de nosso camarada russo foram-nos confirmadas em todos os pontos por inúmeros outros, recebidas de primeira mão. Tenho, assim, sob os olhos, um manuscrito de 114 páginas sobre o movimento makhnovista, que me foi transmitido da Rússia e no qual todos os detalhes dos fatos de caráter geral há pouco relatados são reforçados por documentos. A publicação desse material nos mínimos detalhes permitirá ao leitor ter uma imagem clara de Makhno e seu movimento; ao mesmo tempo, destruirá completamente as lendas forjadas pelos bolcheviques sobre ele e sua causa.

CONTRA WRANGEL, O GOVERNO BOLCHEVIQUE CONTA COM MAKHNO

No início de 1920, Makhno foi obrigado a lutar simultaneamente contra Wrangel e os bolcheviques. Mas a situação assumiu pouco a pouco uma aparência tão crítica que o governo soviético teve de recorrer novamente à sua ajuda. A guerra com a Polônia havia seriamente esgotado as forças militares russas, de tal maneira que o Exército Vermelho não pôde barrar os avanços impetuosos de Wrangel, que era equipado com armamentos modernos da maneira mais liberal pelas potências da Entente. Diante de tal perigo, que teria sido fatal para ele, o governo soviético decidiu mais uma vez reatar com o "bandido" Makhno, que a imprensa soviética não se cansava de denunciar como o "aliado do barão branco" Wrangel.

Em 16 de outubro, foi assinado o seguinte tratado entre o governo soviético e Makhno:

ACORDO

Relativo à cooperação provisória nas operações militares entre a República soviética ucraniana e o exército revolucionário dos franco-atiradores da Ucrânia (makhnovista):

1. O exército revolucionário dos franco-atiradores ucranianos (makhnovistas) junta-se às forças do exército republicano na condição de exército de corpos-francos, estando submetido ao comando do Exército Vermelho em suas operações. Ele conserva, contudo, sua organização atual, sem fazer seus os princípios e os regulamentos organizacionais do exército republicano regular.

2. O exército revolucionário dos franco-atiradores makhnovistas, que se encontra em território soviético ao longo do front *ou transversalmente a ele, não pode integrar em suas fileiras nem partes do Exército Vermelho nem desertores deste último.*

3. Nota: os elementos do Exército Vermelho ou os soldados vermelhos isolados que encontrarem os corpos-francos na retaguarda de Wrangel, deverão integrar-se de novo ao Exército Vermelho, tão logo a junção com ele seja estabelecida.

4. Os franco-atiradores makhnovistas que ainda se encontram na retaguarda do exército de Wrangel, assim como as partes da população que, nessas regiões do país, juntaram-se ao exército dos corpos-francos, permanecerão em suas fileiras, ainda que anteriormente tenham sido mobilizados pelo Exército Vermelho.

5. O acordo entre o comando do Exército Vermelho e o exército revolucionário dos corpos-francos makhnovistas tem por objetivo o esmagamento do inimigo comum, o exército branco. Os makhnovistas declaram-se de acordo com o pedido do comando do Exército Vermelho que cessem os atos de hostilidade da população contra este último. O governo soviético publicará de seu lado o presente acordo, a fim de assegurar o maior sucesso possível às tarefas fixadas.

6. As famílias dos soldados do exército revolucionário dos corpos-francos makhnovistas que residem em território da república soviética desfrutarão dos mesmos direitos que os soldados do Exército Vermelho e receberão do governo soviético ucraniano todas as vantagens acordadas.

ACORDO

Relativo à cooperação provisória nas operações militares entre a República soviética ucraniana e o exército revolucionário dos franco-atiradores da Ucrânia (makhnovista):

1. Libertação imediata de todos os revolucionários presos e cessação de todas as perseguições em território da república soviética contra todos os

makhnovistas e anarquistas que não combateram de armas na mão contra o governo soviético.

2. Completa liberdade de agitação, pela palavra e pela escrita, para todos os makhnovistas e anarquistas, suas idéias e seus princípios, sob controle da censura militar, na medida em que se trata de questões militares. O governo soviético põe à disposição dos makhnovistas e anarquistas, que ele reconhece como organização revolucionária, todo o material necessário para a impressão e a publicação de livros, revistas e jornais, e isso na base das regras técnicas gerais em vigor para as publicações desse gênero.

3. Livre participação nas eleições aos sovietes, bem como o direito para makhnovistas e anarquistas de se tornarem membros dos sovietes; é-lhes garantida, além disso, a livre participação na preparação do próximo v Congresso dos Sovietes da Ucrânia, previsto para dezembro de 1920.

4. Adotado pelos representantes das duas partes na Conferência de 16 de outubro de 1920.

5. Assinado: Bela Kun – V. Popov.

Foi com base nesse acordo que os franco-atiradores makhnovistas e o Exército Vermelho combateram lado a lado contra Wrangel. O sucesso não tardou: a terceira semana de novembro via, com efeito, a completa derrota do exército do "barão branco", cujos restos precipitavam-se numa fuga desesperada rumo ao Sul, perseguidos pelo Exército Vermelho.

NOVAS TRAIÇÕES E CALÚNIAS DOS BOLCHEVIQUES

O que aconteceu, então? Logo após as hordas de Wrangel terem sido definitivamente derrotadas, o governo soviético rompeu da maneira mais diligente os acordos firmados entre Makhno e o Exército Vermelho, voltando-se bruscamente contra seus aliados da véspera e esmagando-os selvagemente. Makhno, que escapou por muito pouco, foi novamente tratado pelos bolcheviques como "bandido" e "traidor"; todos os anarquistas que haviam sido libertados conforme os acordos — entre eles os amigos de Makhno, Tchubenko e Volin (W. M. Eichenbaum) — foram novamente presos, assim como inúmeros outros que até então haviam usufruído de liberdade.

Tais são os diferentes períodos da história do que se denomina "movimento makhnovista" até hoje. Os simples fatos que acabamos de contar mostram claramente que Makhno nada tem de traidor ou contra-revolucionário, e que todos os boatos postos em circulação no mundo pelos bolcheviques e imputados a ele e a seu movimento são puras mentiras, espalhadas no interesse da razão de Estado. Quem tem motivos para se queixar de ter sido traído — e traído da maneira mais sórdida — é justamente Makhno. Foi, com efeito, traição, não apenas contra ele, mas também contra a causa da Revolução, deixá-lo, na primavera de 1919, sem ajuda nem munições, dando a Denikin a possibilidade de derrotar e dispersar seus franco-atiradores. E foi traição da pior espécie a maneira como o governo soviético violou, em seguida, os acordos firmados com ele, maneira que faz lembrar os métodos políticos de um César Bórgia.

Perante o mundo, o governo soviético tratou Makhno de contra-revolucionário, após ele próprio ter reconhecido num tratado o caráter revolucionário de seu movimento.

Ele o qualifica de bandoleiro e bandido comum, mas então perguntamos por que um governo — além do mais, um governo que se apraz autodenominar-se "comunista" — pode concluir tratados de eminente alcance militar e político com um indivíduo dessa espécie? Se Makhno é um bandido, um degolador vulgar, o que são, então, os que fazem aliança com esse salteador de estradas e engajam-se por contrato com ele? Que não nos digam que o governo soviético encontrava-se numa situação de absoluta necessidade quando se decidiu a concluir seu acordo com Makhno: mesmo essa eventualidade não poderia justificar seu comportamento. Não estava ele, por sinal, numa situação semelhante quando Denikin ameaçava sua existência e que ele abandonou, apesar de tudo, Makhno e os seus à própria sorte? Nessa época, ele sabia que esse cruel abandono dos makhnovistas colocaria o Exército Vermelho em perigosa posição, como foi o caso. Mas sacrificaram Makhno porque queriam livrar-se dele.

Não, os homens de Estado de Moscou sabem muito bem que Makhno não é um bandido. Eles sabem que ele luta por um estado de coisas que em nada se assemelha ao que eles criaram, e que lhe é, inclusive, completamente oposto. Eles também sabem que o homem que, por duas vezes, salvou a Rússia da catástrofe de uma contra-revolução vitoriosa não pode ser um contra-revolucionário. Tudo isso é bem conhecido pelos chefes do governo bolchevique; todavia, Makhno e seu movimento, não se deixando integrar em estruturas estatistas, devem ser eliminados a qualquer preço. Eis por que Makhno é um "bandido", um "traidor", um "contra-revolucionário": ele não pode ser outra coisa, assim como os anarquistas em geral e as outras tendências revolucionárias que não recitam o credo bolchevique. Que essas afirmações nada tenham a ver com a realidade tem pouca importância: a mentira sempre foi uma das regras implacáveis de toda diplomacia e não pode, enquanto tal, ser banida da pretensa "diplomacia proletária".

A INSURREIÇÃO DE KRONSTADT

A mesma "diplomacia proletária" dos dirigentes russos conseguiu fazer passar a insurreição de Kronstadt como uma ação dos "brancos", preparada cuidadosamente, e de longa data, por elementos contra-revolucionários no exílio. Essa deformação manifesta e desejada dos fatos foi divulgada por toda a imprensa comunista internacional e, inclusive, teve eco em meios que geralmente não manifestam uma simpatia desmedida pelas idéias bolcheviques.

Hoje, estamos em condições de julgar com justiça todas as causas e o caráter autêntico desse acontecimento, e devemos uma vez mais constatar que o espírito "contra-revolucionário" dos marinheiros é exatamente da mesma espécie que as atividades "contra-revolucionárias" dos anarquistas e dos makhnovistas. O próprio *Novy Put*, jornal expressamente bolchevique de Riga, foi bastante imprudente ao revelar o verdadeiro caráter da insurreição de Kronstadt (ao que parece, a redação não deve ter recebido a tempo as instruções necessárias de Moscou). Com efeito, a interessante confissão escapava-lhe em seu número de 19 de março de 1921:

Os marinheiros de Kronstadt são, em sua maioria, anarquistas. Eles não se situam à direita, mas à esquerda dos comunistas. Em seus últimos radiogramas eles proclamam: "Viva o poder dos Sovietes!", e não pronunciaram nem uma única vez sequer: "Viva a Assembléia Nacional!". Por que eles sublevaram-se contra o governo soviético? Porque eles não o acham soviético o bastante. Eles inscreveram em sua bandeira a mesma palavra de ordem semi-anarquista e semicomunista que os próprios bolcheviques haviam proclamado há três anos e meio, no dia seguinte à Revolução de Outubro. Em sua luta contra o governo soviético, os insurretos de Kronstadt manifestaram em diferentes ocasiões seu profundo ódio contra o "burguês" e tudo o que é burguês. Eles declararam que o governo soviético aburguesou-se, que Zinoviev "adquiriu pança". Trata-se de uma insurreição de esquerda, e não de direita.

Essa opinião do jornal bolchevique *Novy Put* relativa à insurreição de Kronstadt foi confirmada desde então em todos os pontos. Todos os documentos e todas as proclamações dos insurretos são uma prova disso: neles não se encontra uma única palavra que permita concluir maquinações contra-revolucionárias. O movimento em sua totalidade teve um caráter puramente espontâneo e desenvolveu-se a partir das condições locais.

Os marinheiros de Kronstadt sempre foram elementos dos mais enérgicos e devotados do movimento revolucionário russo. Eles já haviam desempenhado um importante papel em 1905 e, quando eclodiu a Revolução de 1917, eles foram os primeiros na arena, dando provas de uma inflexível resolução. Sob o governo de Kerenski, proclamaram a Comuna de Kronstadt e combateram a idéia de uma Assembléia Nacional, na qual eles viam um perigo para a Revolução. Quando começou a sublevação de Outubro, que levaria os bolcheviques ao poder, estavam de novo à frente do movimento, com a palavra de ordem "Todo o poder aos Sovietes!"

Durante os sangrentos combates com Yudenitch, os marinheiros de Kronstadt foram a mais sólida muralha da Revolução, contra a qual se romperam as tentativas contra-revolucionárias. Suas concepções anarquistas levaram-nos a buscar energicamente conservar sua independência, quando o governo central de Moscou pôs-se no dever de reduzir cada vez mais os direitos iniciais dos sovietes. Todas as tentativas de Trotski para subjugá-los aos mesmos regulamentos que, pouco a pouco, eram impostos ao exército permaneceram em grande parte vãs e, enquanto este teve de concentrar todas as suas forças contra os exércitos contra-revolucionários, viu-se obrigado a aceitar de bom ou mau grado esse estado de coisas. Compreende-se facilmente, contudo, que continuadas tentativas desse tipo não tenham em nada contribuído para tornar os marinheiros de Kronstadt favoráveis ao governo, sobretudo quando, renovadas de maneira ainda mais vigorosa depois de terminada a guerra, elas conduziram sua desconfiança ao ápice.

No mês de fevereiro de 1921, importantes agitações, provocadas pela aplicação de uma nova classificação na distribuição de víveres, eclodiram entre os operários de Petrogrado, que se puseram em greve. Muitos deles foram jogados na prisão, o que, naturalmente, só fez complicar ainda mais a situação.

As coisas estavam dessa maneira quando os marinheiros de Kronstadt enviaram uma delegação a Petrogrado para estudar a situação *in loco* e, se possível, empreender com os operários uma ação comum.

UMA RESOLUÇÃO UNÂNIME DE KRONSTADT

Em 1º de março, realizou-se em Kronstadt uma assembléia geral das tripulações dos navios de linha, que ouviu os relatórios dos delegados e adotou por unanimidade a seguinte resolução:

Após ter ouvido o relatório da delegação eleita pela assembléia geral das tripulações, a Assembléia decide apresentar e apoiar as seguintes reivindicações:

1. Tendo em vista que os sovietes atuais não exprimem a vontade dos operários e camponeses, organização imediata de no-

vas eleições, com voto secreto e total liberdade de propaganda pré-eleitoral para todos os operários e camponeses.

2. Liberdade de reunião para os sindicatos e as organizações camponesas.

3. Liberdade de expressão e de imprensa para os operários e os camponeses, os anarquistas e a ala esquerda dos Socialistas Revolucionários (SR).

4. Convocação de uma conferência sem-partido dos operários, dos soldados do Exército Vermelho e dos marinheiros de Kronstadt e de Petrogrado e região antes de 10 de março de 1921.

5. Libertação dos presos políticos de todos os partidos socialistas e de todos os operários, camponeses, soldados do Exército Vermelho e marinheiros presos durante revoltas operárias e camponesas.

6. Eleição de uma comissão especial, encarregada de revisar os processos dos prisioneiros em prisões e campos de concentração.

7. Supressão de todas as "seções políticas" especiais, sem que qualquer partido possa desfrutar de prerrogativas para sua propaganda ou, além disso, ser apoiado pelo Estado. − (Aqui eram visadas as organizações especiais de vigilância criadas no seio de cada instituição civil ou militar russa, às quais só podiam pertencer membros do PC). − Elas devem ser substituídas por comissões especiais para o ensino e a educação, cujas despesas serão cobertas pelo Estado.

8. Supressão de todos os postos de controle. − (A saber: as unidades militares instaladas nas estações ferroviárias e nas estradas para impedir a entrada de víveres que não fossem comprados ou vendidos pelo Estado.)

9. Rações iguais para todos os trabalhadores, à exceção daqueles que trabalham em indústrias perigosas para a saúde.

10. Supressão das seções comunistas em todos os corpos militares e postos comunistas nas fábricas e empresas. Se houver

necessidade de criar novos, eles deverão ser nomeados diretamente, pelas próprias companhias e pelos operários no seio das empresas e oficinas.

11. Liberdade total aos camponeses para dispor de seus grãos e possuir gado, pelo tempo que não empregarem assalariados.
12. Conclamamos a todos os corpos militares e aos camaradas nas escolas militares a se juntarem ao nosso movimento.
13. Solicitamos que seja dado às nossas resoluções a mais ampla difusão possível.
14. Nomeação de uma comissão móvel de controle.
15. Liberdade do trabalho artesanal, pelo tempo que o pessoal remunerado não estiver empregado.

Essa resolução foi apresentada a uma manifestação de cidadãos de Kronstadt, à qual foram 16 mil pessoas, e adotada por unanimidade. Em 2 de março, os delegados dos navios, dos corpos militares, das empresas e dos sindicatos — aproximadamente trezentos no total — reuniram-se e nomearam um "comitê revolucionário provisório", encarregado de preparar as eleições ao Soviete. Este publicou uma folha diária de informação, os *Izvestia*, prestando contas das diferentes fases do movimento. Nosso camarada russo Isidin apresentou em *Les Temps Nouveaux* parisiense inúmeros excertos dos *Izvestia* de Kronstadt, que são todos eloqüentes testemunhos do espírito e do caráter desse movimento tão sordidamente caluniado. Assim, podemos ler no artigo intitulado "Por que lutamos":

A paciência dos trabalhadores esgotou-se. *Aqui e acolá no país surgiram os primeiros sinais da resistência a um sistema de opressão e violência. Os trabalhadores puseram-se em greve, mas os policiais bolcheviques estavam em vigilância e tomaram todas as medidas necessárias para sufocar no ovo a inevitável terceira revolução. Ela, apesar de tudo, chegou e são os trabalhadores que a fazem...*

Aqui em Kronstadt foi colocada a pedra fundamental da terceira revolução, que abrirá o grande caminho à causa do socialismo. Essa revolução deve convencer as massas operárias do Leste e do Oeste de que o que aconteceu até aqui entre nós não tem absolutamente nada a ver com o socialismo...

Os operários e os camponeses avançam, deixando para trás tanto a Assembléia Constituinte e seu regime burguês quanto a ditadura do Partido Comunista, de suas "Tchekas" e de seu capitalismo de Estado, que estrangulam o povo trabalhador como a corda do carrasco.

A revolução de hoje dá aos operários a possibilidade de eleger seus sovietes livremente, sem temer as pressões de qualquer partido que seja, e aos sindicatos burocratizados a oportunidade de se transformar em livres associações de trabalhadores manuais e intelectuais.

"AS ETAPAS DA REVOLUÇÃO"

No artigo intitulado "As etapas da Revolução", publicado no número de 12 de março, podia-se ler:

O Partido Comunista apossou-se do poder repelindo os camponeses e os operários, em nome dos quais ele agia...Uma nova servidão, que se denomina "comunismo", apareceu. O camponês foi transformado em simples diarista, o operário em escravo assalariado da empresa estatizada, o trabalhador intelectual reduzido ao estado de nulidade...Chegou a hora de derrubar a comissariocracia. Kronstadt, vigilante guardiã da Revolução, Kronstadt não dormia. Kronstadt, que também esteve em março e em outubro à frente do movimento, é hoje de novo a primeira a erguer a bandeira da revolta, pela terceira revolução dos trabalhadores.

A autocracia caiu. A Constituinte pertence ao passado. A comissariocracia cairá igualmente. Chegou a hora de um autêntico poder operário, do poder dos Sovietes!

No "Apelo aos trabalhadores, soldados e marinheiros vermelhos", publicado no número de 13 de março, a acusação do governo soviético, segundo a qual os generais brancos e os popes dirigiam o movimento, é rejeitada com cólera e indignação:

Aqui em Kronstadt, em 2 de março, nós nos levantamos contra o jugo execrável dos comunistas e desfraldamos a bandeira vermelha da terceira Revolução.

Soldados vermelhos, marinheiros, trabalhadores: Kronstadt revolucionária apela a vós!

Sabemos que vos enganam, que vos ocultam a verdade sobre o que se passa aqui, que vos ocultam que estamos prontos a arriscar as nossas vidas pela causa sagrada da libertação dos operários e dos camponeses. Procuram fazer-vos crer que generais brancos e popes encontram-se à frente de nosso comitê revolucionário. Para pôr fim de uma vez por todas a essas mentiras, eis os nomes de todos os membros desse comitê: 1. Petritchenko, empregado no escritório do navio de linha "Petropavlovsk" – 2. Yakovenko, telefonista no telégrafo de Kronstadt – 3. Ossosov, maquinista no navio de linha "Sebastopol" – 4. Perepelkin, eletricista a bordo do "Sebastopol" – 5. Arkhipov, primeiro maquinista – 6. Patruchev, primeiro eletricista do "Petropavlovsk" – 7. Kupolov, médico auxiliar – 8. Verchinin, marinheiro no "Sebastopol" – 9. Turkin, operário eletricista – 10. Romanenko, administrador do canteiro de reparos – 11. Orechin, vigilante na 3ª escola do trabalho – 12. Pavlov, operário de municiamento – 13. Baikov, gestor do material rolante da fortaleza – 14. Valk, empregado numa serralharia – 15. Kilgast, piloto.

Nesse mesmo número de 13 de março, encontra-se um "Apelo ao proletariado do mundo inteiro", particularmente comovente:

Há doze dias, um punhado de trabalhadores, marinheiros e soldados do Exército Vermelho, verdadeiramente heróicos, separados do resto do mundo, sofrem os assaltos dos carrascos comunistas. Permanecemos fiéis à causa da qual fizemos nossa – a libertação do povo do jugo que lhe foi imposto pelo fanatismo de um partido – e morremos gritando: "Vivas aos sovietes livremente eleitos!". Possa o proletariado do mundo inteiro sabê-lo. Camaradas, precisamos de vossa ajuda moral: protestai contra os atos de violência dos autocratas comunistas!

Este último apelo dos rebeldes de Kronstadt diante

da morte que os ameaçava ressoou como um grito no deserto: ninguém o ouviu. Ninguém reconheceu a grandeza da causa pela qual eles colocavam suas vidas em jogo. Soube-se apenas que uma soldadesca desumanizada massacrou-os aos milhares, como outrora os homens e as mulheres da Comuna de Paris pelas hordas embrutecidas de um Galliffet. Entretanto, enquanto os *communards* têm um lugar no coração de gigante do proletariado mundial, aqueles cujo sangue correu sobre os paralelepípedos de Kronstadt foram denunciados como traidores e contra-revolucionários por sua própria classe. Eles foram julgados sem que se conhecesse a causa e seus últimos gritos não foram ouvidos. Esses homens combateram, contudo, por uma causa que também fora aquela de seus carrascos: as próprias palavras que os rebeldes de Kronstadt inscreveram em suas bandeiras haviam servido de *slogans* aos bolcheviques, preparando a Revolução de Outubro de 1917 e derrubando o governo de Kerenski. Quem poderia ao menos imaginar que a "ditadura do proletariado", alguns anos mais tarde, opor-se-ia aos porta-vozes das mesmas idéias que os futuros ditadores usaram como bandeiras em sua luta pela conquista do poder político? Embora essa sangrenta sátira da história ainda hoje seja pouco compreendida, chegará o tempo em que se compreenderá seu sentido profundo. Então, serão julgados de outra forma os rebeldes de Kronstadt e a causa pela qual lutaram e derramaram seu sangue.

"APELO AO PROLETARIADO DO MUNDO INTEIRO"

O principal argumento avançado contra eles foi a simpatia expressa em relação à sublevação pela imprensa contra-revolucionária. Num artigo, publicado no número de 20 de abril da *Revue hebdomadaire de la presse russe*,

Radek tentou explorar esse fato ao máximo, crendo assim ter fornecido a seus leitores a prova do caráter contra-revolucionário da própria insurreição. Os leitores da imprensa comunista são — sabemos disto — muito fáceis de contentar; assim, não devemos nos surpreender com o fato de que o artigo escrito por Radek com uma lógica de promotor tenha percorrido, desde então, todos os jornais comunistas dos diferentes países. Muito poucos tiveram até aqui a idéia de examinar seriamente o valor desse famoso argumento: basta que venha de Moscou. Na verdade, no entanto, ele não prova absolutamente nada; é uma verdade empírica que os reacionários de toda nuance sempre buscaram fazer fogo de toda madeira. Se, por exemplo, o governo espanhol reprime há anos a imprensa anarquista e sindicalista, enquanto deixa circular sem qualquer problema o órgão madrilenho do Partido Comunista, isso não se deve ao fato de que ele tem uma predileção qualquer por *El Comunista*, mas simplesmente porque crê poder, por essa tática, dividir o movimento operário e assim enfraquecer sua influência. E se o ex-governo imperial alemão permitiu durante a guerra que Lênin e seus amigos da Suíça atravessassem a Alemanha em vagão blindado com destino à Rússia, também não foi porque nutria uma simpatia particular pelo bolchevismo, mas simplesmente porque pensava agir assim no interesse de sua política. Querer extrair de tais fatos conclusões tais como as que Radek, e tantos outros com ele, tirou em relação à insurreição de Kronstadt é tão infame quanto absurdo.

O fato é que os insurretos recusaram com desprezo toda ajuda da reação. Quando a notícia da sublevação chegou, por exemplo, em Paris, os capitalistas russos, que vivem ali no exílio, ofereceram-lhes 500 mil francos. Ora, os insurretos recusaram categoricamente essa oferta.

Quando, por sua vez, um certo número de oficiais contra-revolucionários ofereceu-lhes, igualmente de Paris, seus serviços por radiograma, eles responderam pelo mesmo canal: "Permanecei onde estais! Não temos empregos para vossos semelhantes!"

Essa é uma linguagem de contra-revolucionários? Certamente não! E os dirigentes de Moscou sabem melhor do que ninguém. Mas é porque a verdade sobre os eventos de Kronstadt é-lhes particularmente perigosa que eles se esforçam vigorosamente para dissimular suas verdadeiras causas e motivações sob uma montanha de deformações sistemáticas e contra-verdades patentes. Na Rússia mesmo, conhece-se há muito tempo essas verdades; não está longe o tempo em que também se conhecerá no estrangeiro.

ORIGEM E SIGNIFICAÇÃO
DA IDÉIA DOS CONSELHOS

Seria, contudo, fundamentalmente errôneo querer atribuir a alguns indivíduos a responsabilidade por todos esses sórdidos acontecimentos. Eles só são responsáveis, de fato, na medida em que podemos considerá-los como os representantes de uma certa tendência ideológica. A bem da verdade, as causas desses fenômenos trágicos vêm de mais longe: eles são as conseqüências de um sistema que não podia logicamente conduzir a um outro estado de coisas.

Se até o presente momento pouco se compreendeu, foi principalmente porque sempre se quis, em todas as considerações sobre a Revolução Russa, unir duas coisas que são, de fato, impossíveis de unir: a idéia dos conselhos e a "ditadura do proletariado". Há, com efeito, contradição essencial entre a ditadura e a idéia construtiva do sistema dos conselhos, de tal modo que sua união forçada não podia engendrar outra coisa senão a desesperadora monstruosidade que é hoje a comissariocracia bolchevique, que foi fatal à Revolução Russa. Não podia ser de outro modo, pois o sistema dos conselhos não suporta qualquer ditadura, partindo ele próprio de pressupostos totalmente diferentes. Nele se encarnam a vontade da base, a energia criadora do povo, enquanto na ditadura reinam a coação de cima e a cega submissão aos esquemas sem espírito de um *diktat*: os dois não podem coexistir. Foi a ditadura que prevaleceu na Rússia e isso explica por que já não há hoje sovietes nesse país. O que resta deles é apenas uma cruel caricatura da idéia dos sovietes, um irrisório e risível produto.

A idéia dos conselhos, que abraça todo o aspecto construtivo do socialismo, é a expressão mais precisa do que entendemos por revolução social. A idéia de ditadura, em contrapartida, é de origem burguesa e nada tem em comum com o socialismo. A primeira não é absolutamente uma idéia nova, que só nos foi transmitida com a Revolução Russa, como muitos acreditam. Ela desenvolveu-se no seio da fração mais avançada do movimento operário europeu, quando a classe operária organizada preparava-se para despojar os últimos restos e escórias do radicalismo burguês e voar com suas próprias asas; ou seja, quando a Associação Internacional dos Trabalhadores fez a grande tentativa de reunir os proletários dos diferentes países para preparar e conduzir sua libertação do jugo da escravidão do salariado.

A I INTERNACIONAL E A IDÉIA DE DITADURA

Conquanto a Internacional tenha tido principalmente o caráter de uma grande organização sindical, seus estatutos foram redigidos, contudo, de maneira que todas as tendências socialistas da época pudessem acomodar-se em suas fileiras, na medida em que se declaravam de acordo com o objetivo final da associação. Que a clareza de concepção e a precisão na expressão das idéias tenha de início deixado a desejar era muito natural, como se pôde observar nos congressos de Genebra (1866) e de Lausanne (1867). Todavia, quanto mais a Internacional amadurecia interiormente e afirmava-se como organização de combate, mais rapidamente clarificavam-se as concepções de seus aderentes. A participação prática na luta cotidiana entre o capitalismo e o trabalho conduzia naturalmente a uma compreensão mais profunda dos problemas sociais.

No congresso de Basiléia, em 1869, a evolução interna da Grande União dos Trabalhadores conheceu seu apogeu intelectual. Além da questão do solo e dos imóveis, de que se ocupou uma vez mais, foi sobretudo a questão dos sindicatos que suscitou o maior interesse. No relatório que o belga Hins e seus amigos apresentaram aos delegados, a questão das tarefas próprias e da significação das organizações sindicais era pela primeira vez tratada de um ponto de vista novo, que apresentava, contudo, alguma semelhança com as idéias de Robert Owen, quando este fundou, nos anos trinta do século XIX, sua Grand National Consolidated Trades Union. Declarou-se claramente e sem equívoco que os sindicatos não eram simples órgãos provisórios, cuja existência só se justificava no interior da sociedade capitalista e que deveria, em conseqüência, desaparecer com ela. O ponto de vista dos socialistas de Estado, segundo o qual a atividade sindical não podia ir além da luta pela melhoria das condições de trabalho no âmbito do sistema salarial, luta onde ela encontrava seu fim, sofreu uma correção essencial. O relatório de Hins e dos camaradas belgas dizia, com efeito, que as organizações econômicas de combate dos trabalhadores deveriam ser consideradas como as células da futura sociedade socialista, e que era dever da Internacional formar os sindicatos com esse objetivo. Foi nesse sentido que foi adotada a seguinte resolução:

O Congresso declara que todos os trabalhadores devem se esforçar para criar caixas de resistência nos diferentes ofícios. Sempre que um sindicato é criado, convém comunicar as uniões do ofício em questão, a fim de que possa ser empreendida a formação de uniões nacionais de indústrias. Essas uniões serão encarregadas de reunir todo o material concernente à sua indústria, deliberar quanto às medidas a tomar em comum e trabalhar por sua realização a fim de que o atual sistema salarial possa ser substituído por uma federação de livres produtores.

O Congresso encarrega o Conselho Geral de organizar a ligação entre os sindicatos dos diferentes países.

Na exposição dos motivos do projeto de resolução da comissão, Hins declarava:

dessa dupla forma de organização em uniões locais dos trabalhadores e uniões gerais de indústrias nasceriam, de um lado, a administração política das comunas e, do outro, a representação geral do trabalho – e isso no nível regional, nacional e internacional. *Os conselhos das organizações de ofícios e de indústrias substituirão o governo atual e essa representação do trabalho substituirá de uma vez por todas os velhos sistemas políticos do passado.*

Essa fecunda nova idéia nascera da compreensão de que cada nova forma econômica da organização social deveria igualmente engendrar uma nova forma da organização política; mais que isso, ela só seria verdadeiramente realizável no âmbito desta última. É por essa razão que o socialismo deveria tender a uma forma de expressão própria, que se pensou ter encontrado no sistema dos Conselhos do trabalho.

Os trabalhadores dos países latinos, onde a Internacional tinha então seus principais apoios, desenvolveram seu movimento na base da organização de combate econômico e dos grupos de propaganda socialista, trabalhando no sentido das decisões do congresso de Basiléia. Reconhecendo no Estado o agente político e o defensor das classes possuidoras, eles não buscaram a conquista do poder político, mas o esmagamento do Estado e a supressão do poder político sob todas as suas formas, no qual eles viam, com um instinto seguro, a condição primeira de toda tirania e de toda exploração. Assim, eles não sonharam em imitar a burguesia e fundar um partido político, abrindo desse modo a via para uma nova classe de políticos de profissão. Seu objetivo era a conquista da oficina, da terra e do solo, e eles se davam conta muito bem de que esse objetivo separava-os fundamentalmente da atividade política (da "política") da burguesia radical, toda ela centrada na conquista do poder governamental. Eles compreendiam que o monopólio do poder deveria cair ao mesmo tempo que o da propriedade, e que era o conjunto da vida social que deveria ser construído sobre novas bases. Tendo reconhecido que a dominação do homem sobre o homem já havia se esgotado, buscavam familiarizar-se com a idéia da administração das coisas. Dessa forma, opunham à política de Estado dos partidos a política econômica do trabalho. Compreenderam que era nas empresas e nas próprias indústrias que uma reorganização da sociedade no sentido socialista deveria ser empreendida, e foi da assimilação dessa idéia que nasceram os conselhos. Nas reuniões, nos jornais e nas brochuras da ala libertária da Internacional, reunida em torno de Bakunin e seus amigos, essas idéias foram esclarecidas e aprofundadas. Elas foram desenvolvidas de maneira particularmente clara nos congressos da Federação espanhola, onde surgiram as Juntas y Consejos del Trabajo (Comunas e Conselhos do Trabalho).

AS CONCEPÇÕES OPOSTAS DE MARX-ENGELS E BAKUNIN

A tendência libertária na Internacional compreendia perfeitamente que o socialismo não pode ser ditado por nenhum governo, que ele deve, ao contrário, desenvolver-se organicamente e de baixo para cima a partir e no seio das massas trabalhadoras, e que os próprios trabalhadores devem assumir a administração da produção e da distribuição. Foi essa idéia que eles opuseram ao socialismo de Estado dos políticos socialistas de partido, e essas contradições internas entre centralismo e federalismo, essas duas concepções opostas do papel do Estado como fator de transição ao socialismo, constituíram o ponto central da querela entre Bakunin e seus amigos, de um lado, e Marx e o Conselho Geral de Londres, de outro, que terminou com a cisão da Grande União dos Trabalhadores. Não se trata aí de oposições pessoais, conquanto Marx e Engels tenham quase sempre empregado contra os bakuninistas as calúnias mais odiosas, mas de duas concepções diferentes do socialismo e, mais particularmente, de duas vias de acesso diferentes ao socialismo. Marx e Bakunin foram os dois eminentes representantes nessa luta por princípios fundamentais; entretanto, o desacordo teria igualmente surgido sem eles. Todavia, não é enquanto oposição entre dois homens, que se esgotaria, mas enquanto oposição entre duas correntes de idéias que a questão tinha, e ainda hoje tem, sua importância.

Durante as cruéis perseguições do movimento operário nos países latinos, que começaram na França após a derrota da Comuna de Paris e estenderam-se para a Espanha e a Itália nos anos seguintes, a idéia dos conselhos teve de passar, pela força das coisas, para o plano secundário; toda propaganda pública estava proibida, e os trabalhadores deviam concentrar todas as suas forças, em seus grupos ilegais, na defesa contra a reação e em apoio a suas vítimas. Mas ela conheceu uma renovação de vida com o desenvolvimento do sindicalismo revolucionário. É sobretudo durante o grande período de atividade dos sindicalistas franceses, de 1900 a 1907, que a idéia dos conselhos foi clarificada, precisada e desenvolvida. Uma olhada nos escritos de Pelloutier, Pouget, Griffuelhes, Monatte, Yvetot e muitos outros — não falo aqui de puros teóricos como Lagardelle, que nunca participaram ativamente da prática do movimento — basta para se convencer de que, na Rússia ou em qualquer outro país, a concepção do sistema conselhista nunca foi enriquecida de qualquer nova idéia que os porta-vozes do sindicalismo revolucionário já não tivessem desenvolvido quinze ou vinte anos antes.

Por sinal, no campo dos partidos socialistas operários, não se queria, nessa época, saber o que quer que fosse desse sistema, e a grande maioria desses que, hoje, principalmente na Alemanha, dizem-se ferrenhos partidários da idéia dos conselhos não fazia outra coisa senão desdenhar e desprezar essa "última encarnação da utopia"; e os bolcheviques não eram absolutamente exceção a essa regra geral. Se hoje se é obrigado a reverenciar a idéia socialista libertária e sindicalista dos conselhos, é simultaneamente um importante sinal dos tempos e um novo ponto de partida do movimento operário internacional. A "utopia" revelou-se mais forte do que a "ciência".

A IDÉIA DA DITADURA
herança da burguesia

Se é incontestável que a idéia dos Conselhos é um produto natural do socialismo libertário, que se desenvolveu pouco a pouco no seio do movimento operário revolucionário e, a bem da verdade, em oposição a todas as tradições da ideologia burguesa e de sua concepção do Estado, não se pode dizer o mesmo da idéia da ditadura.

A idéia da ditadura não tem sua origem no fundo de idéias socialistas. Longe de ser fruto do movimento operário, é uma funesta herança da burguesia, da qual se quis pretensamente beneficiar o proletariado. Ela está estreitamente ligada à busca do poder político, também emanada dos partidos políticos burgueses.

A ditadura é uma forma especial do poder de Estado, qual seja, *o Estado sob o reinado do estado de sítio*. Como todos os outros partidários da idéia de Estado, os porta-vozes da ditadura partem do preconceito de que se pode ditar e impor de cima ao povo o que é pretensamente "bom" e provisoriamente necessário. *Esse preconceito, por si só, já faz da ditadura um obstáculo maior à revolução social, cujo elemento vital próprio é a iniciativa direta e a participação construtiva das massas. A ditadura é a negação do devir orgânico, da construção natural de baixo para cima; é a afirmação de que o povo é menor e a tutelagem das massas pela violência de uma pequena minoria. Seus partidários, mesmo animados das melhores intenções, serão sempre levados pela lógica de ferro das coisas no campo do despotismo mais extremo.*

Bakunin já o havia muito bem visto quando escreveu, por exemplo:

> A razão principal pela qual todas as autoridades revolucionárias de Estado do mundo fizeram sempre avançar muito pouco a Revolução deve ser buscada no fato de que elas sempre quiseram fazê-lo por sua própria autoridade e por seu próprio poder. Assim, elas nunca puderam obter senão dois resultados. Em primeiro lugar, foram obrigadas a limitar ao extremo a ação revolucionária, pois é evidentemente impossível aos dirigentes revolucionários, mesmo os mais inteligentes, os mais enérgicos e os mais sinceros, abranger de uma só olhada todos os problemas e todos os interesses, e também porque toda ditadura – quer aquela de um indivíduo, quer a de um comitê revolucionário – só pode ser necessariamente muito limitada e cega, não estando em condições de penetrar a fundo a vida do povo nem apreendê-la em toda a sua extensão, assim como o navio mais possante não pode avaliar toda a largueza e a profundidade do mar. Em segundo lugar, toda ação que é imposta ao povo por um poder oficial e por leis editadas no cume desperta obrigatoriamente nas massas um sentimento de indignação e reação.

AS LIÇÕES DA REVOLUÇÃO FRANCESA

A incansável tática de denegrir, aplicada por Lênin e seus partidários a todas as tendências socialistas que não lhes convêm, tratando-as de "pequeno-burguesas", assume uma sonoridade nitidamente cômica vinda de pessoas que permaneceram mergulhadas até acima da cabeça e sem esperança nas águas da ideologia política da pequena burguesia! Foi, por exemplo, do partido pequeno-burguês dos jacobinos que nossos socialistas de Estado tomaram emprestado a idéia de ditadura, esse mesmo partido que tratou de crime toda greve e proibiu, sob pena de morte, as organizações sindicais. Saint-Just e Couthon foram seus porta-vozes mais enérgicos e Robespierre agiu sob a influência deles, depois de ter rejeitado por algum tempo essa idéia – na verdade, por medo de que Brissot se tornasse ditador. O próprio Marat flertou muito com a idéia de ditadura, embora tivesse visto claramente o perigo e pedisse, conseqüentemente, um ditador "com uma grilheta ao pé".

A representação falsa e unilateral que dão da Revolução Francesa os historiadores burgueses radicais influenciou fortemente a maioria dos socialistas e contribuiu grandemente para conferir à "ditadura dos jacobinos" uma auréola ainda reforçada pela execução de seus principais chefes. A maioria dos homens, com efeito, tem grande tendência a cair no culto dos mártires, que os torna incapazes de criticar as pessoas e os atos. Louis Blanc, mais do que qualquer outro, contribuiu com sua extensa *Histoire de la Révolution* para essa glorificação sem qualquer espírito crítico do jacobinismo.

Ante as grandes conquistas revolucionárias, a abolição do sistema feudal e da monarquia absolutista, que os historiadores se alegraram em apresentar como obra dos jacobinos e da Convenção revolucionária, nasceu, no transcurso do tempo, uma concepção totalmente falsa da história da Revolução. Hoje sabemos que a descrição geralmente recebida da grande Revolução repousa em um completo desconhecimento dos fatos históricos, que suas verdadeiras e imperecíveis conquistas *devem-se unicamente à revolta dos camponeses e dos proletários das cidades, e isso contra a vontade da Assembléia Nacional e, depois, da Convenção*. Os jacobinos e a Convenção sempre se opuseram, e da maneira mais enérgica, às inovações radicais, até que, diante dos fatos consumados, não pudessem manter sua oposição. Assim, a abolição do sistema feudal deve-se unicamente às revoltas ininterruptas dos camponeses, que os partidos políticos haviam declarado fora da lei e perseguiam de modo rigoroso. Ainda em 1792, a Assembléia Nacional confirmava o sistema feudal, e foi apenas em 1793, depois que os camponeses arrancaram seus direitos por intensa luta, que a Convenção sancionou a abolição dos direitos feudais. E o mesmo se deu com a abolição da monarquia.

Os primeiros fundadores de um movimento socialista popular na França provinham do campo jacobino, e é natural que lhes tenham permanecido algumas marcas de seu passado. Ao fundar a Conjuração dos Iguais, Babeuf, Darthé, Buonarotti etc., propunham-se a transformar a França, por uma ditadura revolucionária, em um Estado comunista agrário. Enquanto comunistas, haviam reconhecido que os ideais da grande Revolução, como eles os compreendiam, só podiam ser realizados pela solução da questão econômica. Todavia, enquanto jacobinos, eles criam que esse objetivo só podia ser alcançado por intermédio de um governo dotado de poderes extraordinários. A crença na onipotência do Estado, que encontrara sua forma extrema no jacobinismo, tornara-se para eles demasiado pessoal para que pudessem perceber uma outra via.

Babeuf e seus camaradas morreram por suas convicções, mas suas idéias permaneceram vivas no povo e encontraram, sob Louis-Philippe, asilo nas sociedades secretas babovistas. Homens como Barbès e Blanqui trabalharam nesse sentido, buscando estabelecer uma "ditadura do proletariado" para realizar os objetivos de seu comunismo de Estado.

Foi desses homens que Marx e Engels tomaram emprestado a idéia de ditadura do proletariado, formulada, por exemplo, no *Manifesto comunista*. Eles também só entendiam por tal ditadura o estabelecimento de um poder central forte, que teria por tarefa quebrar definitivamente, por leis coercitivas e radicais, a dominação da burguesia, preparar e realizar a transformação da sociedade no sentido socialista.

Marx e Engels, igualmente passados do campo da democracia burguesa ao socialismo, estavam profundamente impregnados das tradições jacobinas. Além disso, o movimento socialista dessa época, ainda não muito desenvolvido — à exceção de Proudhon e seus amigos — para traçar seu próprio caminho, permanecia, assim, mais ou menos dependente das tradições burguesas. Foi somente com o desenvolvimento do movimento operário na época da Internacional que veio o momento em que os socialistas ficaram em condição de despojar-se dos últimos restos dessas tradições para caminhar totalmente por seu próprio passo.

CONQUISTA OU DESTRUIÇÃO DO ESTADO

A idéia dos conselhos foi a superação prática da idéia de Estado e de política do poder, sob qualquer forma que seja. Enquanto tal, ela opõe-se diretamente a toda ditadura, que não apenas quer salvaguardar o instrumento do poder das classes dominantes, quer dizer, o Estado, mas também, e principalmente, aspira ao desenvolvimento máximo de sua potência.

Os pioneiros do sistema dos conselhos compreenderam muito bem que a exploração do homem pelo homem devia desaparecer, ao mesmo tempo que a dominação do homem sobre o homem. Sabiam igualmente que o Estado, essa encarnação da violência organizada das classes possuidoras, nunca poderia ser transformado em um instrumento de libertação do trabalho. Em conseqüência, acreditavam que a destruição do velho aparelho de Estado deveria constituir a principal tarefa da revolução social, e isso a fim de tornar impossível toda nova forma de exploração. No famoso congresso de Haia, em 1872, o porta-voz da minoria federalista, James Guillaume, exprimiu claramente essa idéia, opondo à conquista do poder político a exigência fundamental de sua total destruição.

Que não nos objetem que a ditadura do proletariado é um caso completamente particular, que não se pode compará-la com qualquer outra ditadura pois se trata da ditadura de uma classe. Essa interpretação sofística é só um meio sutil de enganar os tolos quanto ao verdadeiro caráter da coisa. *Algo como a ditadura de uma classe é absolutamente impensável, visto que se trata, no final das contas, da ditadura de um certo partido, que pretende falar em nome de uma classe, assim como a burguesia justifica "em nome do povo" seus atos mais despóticos.*

É precisamente no seio de tais partidos, que ascendem pela primeira vez ao poder, que a pretensão de infalibilidade dos indivíduos é particularmente desenvolvida e suas conseqüências particularmente funestas. O arrivista do poder é, regra geral, ainda mais repulsivo e perigoso do que o arrivista da riqueza.

O exemplo russo é, em relação a esse ponto, um exemplo modelo. Já não se pode mais falar, em seu caso, de ditadura de um partido, mas, quando muito, de ditadura de um punhado de homens, sobre os quais o próprio partido não tem qualquer influência. A imensa maioria do povo russo é hostil à dominação dessa oligarquia, que, inclusive, há muito tempo perdeu toda a simpatia de que gozava na grande maioria da classe operária. Se os operários russos — abstenho-me voluntariamente de falar aqui dos camponeses, pois sua hostilidade ao governo soviético é geralmente conhecida — estivessem hoje em condições de proceder a eleições livres nos sovietes, o reinado dos bolcheviques em seu conjunto desmoronaria em algumas horas como um castelo de cartas. Não é a vontade de uma classe que hoje se exprime na Rússia na famosa "ditadura do proletariado", mas simplesmente a força das baionetas. Sob a "ditadura do proletariado", a Rússia transformou-se numa imensa prisão onde todo vestígio de liberdade foi sistematicamente apagado, sem que se tenha, contudo, aproximado dos objetivos iniciais da Revolução. Ao contrário, afastaram-se cada vez mais dela na verdade, na medida em que o poder da nova aristocracia aumentou e a iniciativa revolucionária do povo sufocou-se. Hoje se chega ao ponto de renunciar definitivamente aos pretensos objetivos de 1917 e passar com armas e bagagens para o campo capitalista. Certo, faz-se tudo o que se pode para dissimular o grande recuo, escudado em todo tipo de finezas dialéticas — que general derrotado não faz o mesmo? —, mas os mais complacentes artifícios sofísticos de Lênin e Radek já não estão mais em condições de enganar, mesmo em relação aos fatos mais simples. A famosa "ditadura do proletariado" não somente fez do trabalhador russo o mais subjugado dos escravos como também abriu a via para uma nova dominação da burguesia.

DA NATUREZA DO ESTADO

Alguns meses antes de eclodir a Revolução de Outubro de 1917, Lênin escreveu sua célebre obra *O Estado e a Revolução*, que representa uma curiosa mistura de idéias marxistas e aparentemente anarquistas. Ele busca estabelecer, por meio de provas cuidadosamente escolhidas, que Marx e Engels sempre preconizaram a supressão do Estado e pretenderam se servir da máquina do Estado apenas durante o período de transição revolucionária em que a sociedade passa do capitalismo ao socialismo. Ao mesmo tempo, ele ataca Kautski, Plekhanov e aqueles que ele denomina "oportunistas" do socialismo marxista moderno da maneira mais dura, censurando-lhes por terem voluntariamente falsificado o ensino dos dois mestres, ocultando dos trabalhadores sua concepção do Estado e de seu papel na fase da ditadura do proletariado. Não queremos submeter aqui essa afirmação de Lênin a um exame aprofundado, mas apenas fazer observar que muitos de seus argumentos são francamente puxados pelos cabelos. Não seria difícil opor à sua colheita de citações, extraídas das obras de Marx e Engels, ao menos tantas outras passagens que provam exatamente o contrário do que ele se propunha a demonstrar, mas tais comentários são, em geral, de pouquíssima importância, pois não se trata, no final das contas, de saber o que Marx ou tal outro disse ou escreveu nesta ou naquela época de sua vida, mas o que foi confirmado ou refutado pela experiência prática. É isso, e isso apenas, o importante; todo o resto, no fundo, equivale-se, como os famosos comentários que astuciosos teólogos faziam do Apocalipse.

Em *O Estado e a Revolução*, Lênin explica claramente

que a diferença entre marxistas e anarquistas consiste no fato de que os primeiros atribuem-se certamente como objetivo a completa supressão do Estado, mas estimam que ela só é realizável após a completa supressão das classes pela revolução socialista, como resultado da introdução do socialismo, que conduz ao definhamento do Estado; quanto aos segundos, eles exigem a supressão total do Estado, de um dia para o outro, sem apreender as condições de sua realização.

Essa declaração incitou um grande número de anarquistas a ver em Lênin e seu partido companheiros de luta próximos; muitos deles até mesmo consentiram, além disso, a famosa "ditadura do proletariado", visto que se tratava aí, segundo se dizia, de uma forma de transição que não podia ser evitada, "no próprio interesse da Revolução". Não se queria ou não se podia simplesmente compreender que já há, precisamente, um grande perigo na idéia da necessidade da ditadura como fase de transição inevitável.

A COMISSARIOCRACIA, NOVA CLASSE

É, de fato, empregar uma lógica completamente particular afirmar a necessidade do Estado enquanto as classes não tiverem sido suprimidas. Como se o Estado não tivesse sido sempre, ele próprio, gerador de novas classes; como se ele não encarnasse, precisamente e por essência, a perpetuação das diferenças de classe. Essa incontestável verdade, sempre confirmada no transcurso da história, realizou-se pela primeira vez com a experiência bolchevique na Rússia, de tal modo que é preciso sofrer da mais incurável cegueira para desconhecer a enorme importância dessa última lição. Sob a "ditadura do proletariado" desenvolveu-se, efetivamente, na Rússia, uma nova classe, aquela dos membros dessa comissariocracia que a maioria da população considera e suporta hoje como tão evidentes opressores quanto foram outrora os representantes do antigo regime. Eles levam, com efeito, a mesma existência inútil e parasitária que seus predecessores sob a dominação czarista; açambarcaram as melhores moradias e são abundantemente providos de tudo, enquanto a grande massa do povo continua a sofrer fome e uma terrível miséria. Além do mais, levaram ao limite todos os hábitos tirânicos dos ex-dirigentes e pairam sobre a massa do povo como um verdadeiro pesadelo. Uma nova expressão pôde assim ser forjada pela língua popular, muito característica da situação atual no império de Lênin: "burguês soviético". Esse termo, empregado correntemente nos meios operários russos, mostra claramente o que o povo pensa do jugo imposto por essa nova casta de mestres, que exerce o poder em seu nome.

Ante esses fatos cruéis, a afirmação de Lênin, segundo a qual o Estado deve subsistir pelo tempo que subsistirem as próprias classes, parece não ser outra coisa senão uma brincadeira de mau gosto. Na realidade, as coisas se passam de outra forma: o aparelho do poder de Estado só pode criar novos privilégios e proteger os antigos. Tal é sua característica e todo o conteúdo de seu ser, quer exiba suas atividades sob a bandeira do czarismo, quer sob a "ditadura do proletariado". Não se pode encontrar uvas sobre os cardos assim como não se pode transformar o instrumento da dominação de classe e dos monopólios em um instrumento de libertação do povo.

Em seu brilhante ensaio sobre o Estado moderno, Kropotkin faz a profunda observação:

Aquele que reivindica uma instituição que representa um produto histórico que serve para destruir os privilégios daqueles que ela própria permitiu o desenvolvimento confessa, por isso mesmo, sua incapacidade de compreender o que é um produto histórico na vida das sociedades. Ele desconhece, assim, a regra fundamental de toda natureza orgânica, qual seja, que novas funções exigem novos órgãos, que elas próprias devem criar. Confessa, além do mais, ser de um espírito demasiado preguiçoso e demasiado timorato para pensar na nova via aberta pelo novo desenvolvimento.

Essas palavras contêm uma das verdades mais profundas de nossa época e denunciam ao mesmo tempo uma das enfermidades intelectuais mais graves de que sofre hoje a cultura humana.

As instituições ocupam na vida das sociedades o mesmo lugar que os órgãos nos animais ou nos vegetais: elas são os órgãos do corpo social. Estes não nascem arbitrariamente, mas segundo certas necessidades do meio. O olho de um peixe das águas profundas não tem, por exemplo, a mesma constituição que o olho de um mamífero terrestre, pois ele deve responder a exigências completamente diferentes. Condições de vida diferentes criam órgãos diferentes, mas o órgão desempenha sempre uma função precisa, em razão da qual ele se desenvolveu, e atrofia-se de novo lentamente, tornando-se rudimentar, quando o organismo não mais exige a realização dessa função. Nunca um órgão encarrega-se de uma função que não corresponda à sua própria natureza.

COMO NASCE O ESTADO MODERNO

O mesmo acontece com as instituições sociais. Elas também não nascem arbitrariamente, mas são criadas por necessidades sociais precisas e com vistas a um objetivo preciso. Assim, o Estado moderno desenvolveu-se quando a divisão em classes e a economia monopolista fizeram progressos cada vez maiores no seio da velha ordem social. As classes possuidoras recém-surgidas precisavam de um instrumento de poder para manter seus privilégios econômicos e sociais sobre as amplas massas do povo. Assim nasceu e desenvolveu-se, pouco a pouco, o Estado moderno — *órgão das classes privilegiadas para a manutenção das massas em seu estado de inferioridade e opressão*. Essa tarefa era seu conteúdo essencial e a única razão de sua existência. Ele lhe permaneceu sempre fiel, pois não podia agir de outra forma, sob pena de não ser mais ele próprio. Suas formas certamente variaram no transcurso da evolução histórica, mas sua função permaneceu a mesma; aliás, ela ampliou-se continuamente, na medida em que submetia a seu poder setores da vida social cada vez mais numerosos. Quer ele denomine-se república ou monarquia, quer se organize na base de uma constituição ou da autocracia, sua missão histórica não varia. E assim como não se pode mudar arbitrariamente as funções de um órgão do corpo de um animal ou de uma planta, assim como não se pode, a seu bel-prazer, ouvir com os olhos e ver com os ouvidos, assim também não é possível transformar um órgão de opressão em um órgão de libertação dos oprimidos. O Estado não pode ser senão o que ele é: o defensor dos privilégios e da exploração das massas, o gerador de novas classes e novos monopólios. Quem desconhece esse papel do Estado nada compreende da natureza da ordem social atual e será incapaz de mostrar à humanidade os novos horizontes de seu desenvolvimento.

Os bolcheviques, instaurando a "ditadura do proletariado" na Rússia, não apenas retomaram o aparelho de Estado da antiga sociedade, mas também o dotaram de uma tal perfeição na força como nenhum outro governo no mundo possui. Eles lhe submeteram todos os setores da vida pública e lhe confiaram toda a organização da economia. Oprimiram impiedosamente tudo o que podia fazer-lhes obstáculo; eliminaram todo pensamento e todo sentimento nas massas, criando, assim, a burocracia mais temível que o mundo conheceu. As célebres palavras do jacobino Saint-Just, segundo as quais a tarefa do legislador é eliminar a consciência privada e ensinar ao cidadão a pensar em conformidade com a razão de Estado, nunca tinham sido, antes da "ditadura do proletariado" na Rússia, traduzidas em tal grau para a realidade. Toda opinião desagradável aos ditadores é, há vários anos, sufocada, faltando-lhe os simples meios técnicos de exprimir-se: apenas o que é escrito no sentido da razão de Estado bolchevique é, com efeito, transmitido ao povo pela imprensa de Estado.

Em suas teses bem conhecidas relativas à "democracia burguesa e à ditadura do proletariado", Lênin tenta justificar a repressão da liberdade de reunião na Rússia, referindo-se às revoluções inglesa e francesa, durante as quais também não foi permitido aos elementos monárquicos reunir-se publicamente e exprimir sua opinião. Essa referência é simplesmente uma camuflagem dos fatos reais. Tanto na Inglaterra quanto na França, a jovem república empreendia uma luta mortal contra seus adversários monarquistas. Que ela tenha sido obrigada, em um combate em que sua vida estava em jogo, a reprimir seus inimigos mais notórios por todos os meios, é facilmente compreensível e justificável sob todos os pontos de vista, pois se tratava de um imperativo ditado pela mais elementar autodefesa. Na Rússia, ao contrário, não se oprime apenas os partidários do antigo regime, *mas igualmente todas as tendências revolucionárias e socialistas, cujos partidários ajudaram a derrubar a autocracia e sempre deram suas vidas quando se tratou de opor-se às tentativas contrarevolucionárias*. Essa é a importante diferença, que Lênin dissimula voluntariamente, para não indispor seus partidários fora da Rússia (na medida em que não sejam alemães, pois ele não tem por que temer estar em desacordo com estes, tendo em vista seu senso adquirido e militar da "ordem").

Não se pode dizer o mesmo de todas as declarações de Lênin sobre a liberdade de imprensa. Quando ele afirma, por exemplo, no escrito citado, que "a pretensa liberdade de imprensa nos Estados democráticos é apenas um ludíbrio enquanto as melhores tipografias e os mais importantes estoques de papel estiverem nas mãos dos capitalistas", ele roça o tema. Essa opinião sobre a liberdade de imprensa nos Estados capitalistas é, com efeito, uma verdade banalíssima, que todo socialista compreendeu há muito tempo. Em contrapartida, ele não diz que na Rússia soviética as condições de existência da imprensa revolucionária e socialista são mil vezes piores que em qualquer Estado capitalista. Ali, os capitalistas dispõem, certamente, como ele o observa com justeza, das melhores tipografias e dos maiores estoques de papel, mas, *na Rússia "comunista", é o Estado que dispõe de todas as tipografias e de todo o poder, estando, assim, em condições de sufocar toda opinião, quer dizer, não apenas aquela dos reacionários, mas também toda opinião autenticamente revolucionária e socialista que desagrada seus representantes.* E é exatamente aí que está o nó da questão. Na época das revoluções inglesa e francesa, proibiam as manifestações escritas e orais dos monarquistas e nem toda expressão da opinião das diferentes tendências revolucionárias, conquanto elas bem amiúde não fossem do gosto do governo. Eis por que as explicações de Lênin, que passam ao largo da própria questão e silenciam precisamente em relação ao ponto mais importante, só podem conduzir ao erro.

Nos Estados capitalistas, a livre expressão das opiniões, escritas e orais, é naturalmente muito reduzida, mas na Rússia, sob a pretensa "ditadura do proletariado", ela não existe em absoluto. Eis a diferença. E o resultado? Uma completa falência da ditadura, ao menos no que concerne à preparação e à realização do socialismo — uma capitulação sem esperança ante esse mesmo capitalismo que pretensamente se queria aniquilar.

DA ESSÊNCIA DA REVOLUÇÃO POPULAR
liberdade e socialismo

Bem amiúde se explicou que a funesta guerra, que não deu um instante de trégua à Rússia durante anos, em muito contribuiu para criar esse estado desesperado da situação interna. Não há dúvida de que essa afirmação contém uma boa parte de verdade, sobre a qual o próprio Kropotkin chamou a atenção em sua "Mensagem aos trabalhadores ocidentais". Reconhecer esse fato não deve, contudo, conduzir-nos a desconhecer a causa mais profunda das coisas. Sem a guerra, os bolcheviques dificilmente poderiam ter dado asas a seus desejos ditatoriais e teriam encontrado, sem dúvida alguma, mais resistência por parte do povo. Eles também não teriam tido a possibilidade de justificar moralmente pela gravidade da situação do país toda nova restrição da liberdade. Sua política não teria sido, contudo, menos permanentemente perigosa para a Revolução, permanecendo guiada por hipóteses contrárias da maneira mais elementar à própria natureza de toda revolução social.

Como sucessores retardatários dos jacobinos, eles partem, com efeito, dessa idéia segundo a qual se deve impor de cima, às massas, toda renovação social. Não tendo qualquer confiança nas forças construtivas e na capacidade do povo, sua atitude hostil em relação a toda iniciativa vinda de baixo e não portando a marca de sua própria política de partido explica-se muito bem. É também por essa razão que todas as instituições e associações criadas diretamente pelas massas operárias e camponesas desagradam-lhes tanto, e pode-se compreender que eles façam todo o possível para limitar sempre sua independência e submetê-las, na primeira oportunidade, à autoridade central do Partido, como foi o caso tanto com os sovietes quanto com os sindicatos. Outras organizações, como as cooperativas, por exemplo, também foram totalmente destruídas; os bolcheviques buscam, hoje, decerto reconstruí-las, mas naturalmente sob a direção do Estado, a fim de que facilitem, conforme explica o próprio Lênin, "as relações entre o Estado e o capitalismo e tornem possível um melhor controle".

É por essa desconfiança, profundamente enraizada em relação a todas as tentativas da base, que se explica enfim a predileção realmente fanática dos bolcheviques pelos decretos. É o fetiche de sua arte de governar, que substitui entre seus representantes as ações revolucionárias do próprio povo. Assim nasceu essa monstruosa epidemia de "decretos revolucionários" e leis que sufocaria até o jurista mais astuto, de tão característica do estado atual das coisas na Rússia. Conquanto se saiba que 99% de todos esses decretos perdem-se apenas percorrendo os inumeráveis escritórios, a torrente de papel não deixa de crescer a cada dia. Nenhum governo pôs ainda no mundo tantos decretos e leis quanto o governo bolchevique: se se pudesse salvar o mundo com decretos, há muito tempo não haveria qualquer problema na Rússia.[1]

---

[1] O próprio Lênin hoje compreende que o tempo dos decretos passou, como mostram suas declarações no 2º Congresso para a Educação Política: "Todo mundo vê a grande virada operada pelo governo soviético e pelo Partido Comunista com a passagem à Nova Política Econômica, que contém essencialmente mais elementos antigos do que nossa economia política precedente. É o imposto *in natura* que doravante substitui a requisição. A distribuição de concessões aos capitalistas estrangeiros e aos fazendeiros capitalistas é, em certa medida, uma restauração do capitalismo. Trata-se apenas de saber

Não podemos deixar aqui de lembrar as maravilhosas palavras de Bakunin:

Antes de tudo, oponho-me categoricamente a uma revolução realizada por decretos, que não é outra coisa senão a continuação e a aplicação da idéia de um "Estado revolucionário", quer dizer, da reação sob a máscara da revolução. Ao método dos decretos revolucionários, oponho aquele dos fatos revolucionários, o único eficaz, lógico e verdadeiro. O método autoritário, que quer impor aos homens a quem o campesinato seguirá: o proletariado, que se esforça para construir a sociedade socialista, ou o capitalismo (a vida capitalista), que é em si mais fácil. Nesse combate, o governo proletário deve buscar uma melhora econômica do nível de vida da população e apoiar-se sobre o proletariado, que crê, paralelamente, na restauração da indústria. Assim se coloca a questão: conseguirão os capitalistas se organizar mais cedo e renunciarão os comunistas, ou o governo proletário, apoiado sobre o campesinato, mostrar-se-á capaz de manter os capitalistas à distância conveniente, criando, assim, um capitalismo submetido ao Estado e a seu serviço. Esse combate será mais duro, mais impiedoso do que aquele contra Koltchak e Denikin, pois agora o inimigo não se mostra com o rosto descoberto, mas se mantém invisível em nossas próprias fileiras. Para vencer, devemos organizar os pequenos camponeses, desenvolver suas forças produtivas e protegê-los com todo o nosso poder; caso contrário, os capitalistas os colocarão sob sua dependência. É disso que depende o resultado desse combate. Num país empobrecido como o nosso, o combate entre o socialismo nascente e o desenvolvimento capitalista é uma questão de vida ou de morte, na qual todo sentimentalismo é proibido. Os capitalistas russos, os concessionários estrangeiros e seus fazendeiros vão agora embolsar ganhos de 100%. Deixai-os enriquecer, mas aprendei com eles a economia, pois não construireis de outra forma uma república comunista viável. O tempo da aprendizagem é duro e difícil; contudo, não há outra saída, pois a técnica dos grandes industriais é superiormente poderosa. O tempo dos decretos e dos manifestos passou. Agora devemos adquirir experiência política e trabalhar na prática. Ou as conquistas políticas do poder soviético estão condenadas a desaparecer, ou então devemos assegurar-lhes uma base econômica segura. Devemos igualmente alcançar um certo nível de formação para poder lutar com sucesso contra esses dois males tradicionais na Rússia: a burocracia e a corrupção. Temos três inimigos principais a combater: a suficiência comunista, aquela crença na possibilidade de tudo poder regular pela simples publicação de decretos, sem que nunca seu conteúdo seja realizado na vida prática; a ignorância; e a corrupção."

liberdade e a igualdade de cima, destrói, de fato, estas últimas. O método de ação anarquista provoca os fatos, "despertando-os" de maneira infalível e fora de toda ingerência de um poder oficial e autoritário qualquer. O primeiro método, aquele do "Estado revolucionário", conduz forçosamente ao triunfo final da reação aberta; o segundo realiza a Revolução em uma base natural e inquebrantável.

Bakunin havia pressentido que a História dar-lhe-ia razão de uma maneira tão trágica? É difícil acreditar.

REVOLUÇÃO BURGUESA OU REVOLUÇÃO DAS MASSAS

Só um homem como Lênin, desconhecendo totalmente as forças criadoras latentes no seio do povo, pôde taxar a liberdade de "preconceito burguês". A mania marxista de ver em todas as revoluções do passado apenas manifestações da burguesia deveria, evidentemente, conduzi-lo a tal concepção. Essa concepção é, contudo, completamente enganadora. Tanto na Revolução Inglesa como na grande Revolução Francesa, pode-se nitidamente distinguir duas correntes: a revolução popular e o movimento revolucionário da burguesia. Nos principais eventos da Revolução, estas duas correntes vão amiúde no mesmo sentido, cada uma delas buscando seus próprios objetivos. Sem a revolução popular, quer dizer, sem esse movimento grandioso dos camponeses e da população proletária das cidades, o sistema feudal e a monarquia absoluta jamais teriam podido ser abatidos na França. O objetivo inicial da burguesia era uma monarquia constitucional sobre o modelo inglês, reforçada por um modesto alívio dos impostos feudais. Ela estaria completamente satisfeita em partilhar o poder com a aristocracia; todos os outros objetivos mais distantes não a preocupavam absolutamente, e a frase de Camille Desmoulins segundo a qual "não havia uma dúzia de republicanos em Paris antes de 1789" descreve com justeza o verdadeiro estado das coisas. Foram as sublevações dos camponeses e dos proletários das cidades que empurraram a Revolução para a frente e, por isso, foram combatidas com a maior energia pela burguesia. Foi a revolução popular que aboliu o sistema feudal e destruiu a monarquia absoluta, malgrado a resistência que lhe opôs a burguesia. Se esta última levou a melhor, no final das contas, e pôde controlar o poder, isso não prova absolutamente que a Revolução em si mesma tenha tido um caráter burguês. Basta lembrar o movimento dos *Enragés* e a conjuração de Babeuf para convencer-se de que, nas profundezas do povo, estavam em ação forças que certamente não podemos qualificar de burguesas.

A burguesia foi obrigada, pela revolução das massas, e contra ela, a levar seus objetivos mais longe do que queria de início; garantir, por exemplo, em sua legislação certos direitos e certas liberdades ao conjunto dos cidadãos, que ela jamais teria concedido voluntariamente. Sabemos que seus representantes sempre buscaram e ainda hoje buscam limitar esses direitos ou torná-los temporária e completamente ilusórios por uma interpretação sutil e, se necessário, pela violação direta das leis. Sabemos igualmente quão duras lutas os trabalhadores de todos os países tiveram e ainda têm de travar para obter os direitos de coalizão, de greve, de reunião e de liberdade de opinião e expressão. Todos esses direitos, que são atualmente nossos nos Estados capitalistas, não se devem à boa vontade da burguesia, mas, ao contrário, foram-lhe arrancados numa luta sem trégua. Eles são o resultado de grandes combates revolucionários, nos quais as massas deixaram várias vezes muito sangue e vidas. Querer agora livrar-se deles qualificando-os de tradicionais "preconceitos burgueses" nada mais é que falar em favor do despotismo dos tempos passados.

Nós não nos permitimos a mínima ilusão quanto à verdadeira significação desses direitos: sabemos muito bem que, mesmo nos países por assim dizer "os mais livres", eles são extremamente limitados e só têm um valor muito relativo sempre que se trata dos trabalhadores; Lênin nada nos ensina de novo em relação a isso. Isso em nada muda, contudo, o fato de que os trabalhadores dos países capitalistas podem beneficiar-se disso, ainda que até um certo ponto, enquanto que, para a classe operária russa, eles não existem absolutamente sob a ditadura bolchevique.

AS ASPIRAÇÕES PROFUNDAS DAS MASSAS

No transcurso de cada grande convulsão social, podemos observar com muita clareza duas tendências no seio das massas que, para exprimir-se amiúde imprecisa e confusamente, são sempre claramente reconhecíveis: o desejo de igualdade social e, sobretudo, o de uma maior liberdade pessoal. Pode-se inclusive sustentar que este último sempre foi a força motriz de toda revolução. Nem sempre foram as questões do pão e da manteiga que puseram em ação as massas; quanto mais o sentimento da dignidade humana está desenvolvido nelas, mais claramente se exprimiram em suas lutas as exigências ditas "ideais". Foi sempre assim, e uma simples olhada nos pequenos combates cotidianos de nossa época mostra-nos que inumeráveis greves eclodem dia após dia, não pela obtenção de vantagens materiais, mas, por exemplo, para responder à obediência forçada de um camarada ou para obter o afastamento de um contra-mestre que não respeitou suficientemente a dignidade dos operários etc. Além disso, são geralmente essas lutas que são conduzidas da maneira mais obstinada.

Aquele que ignora esse profundo desejo de liberdade pessoal no homem prova, só por isso, que não compreendeu a influência de uma das forças mais elementares da história da evolução humana, o que é precisamente o caso dos bolcheviques. Por toda a sua natureza, o bolchevismo é hostil à liberdade, daí o seu ódio fanático por todas as outras tendências socialistas favoráveis às livres manifestações das massas. Seus representantes mais eminentes não podem representar-se o socialismo senão no âmbito da caserna ou da penitenciária.

Citemos, a título de ilustração dessa afirmação – e para dar só um exemplo entre mil outros –, as seguintes palavras de Bukharin: "A coação proletária, que vai das execuções sumárias ao trabalho forçado, é o método, por mais paradoxal que possa parecer, para transformar o material humano da época capitalista em humanidade comunista".

Tomamos fôlego e nos perguntamos se o homem que pronunciou essas palavras está de posse de sua razão. O sr. Bukharin infelizmente não parece compreender que ele e seus amigos também pertencem ao "material humano da época capitalista" e que conviria particularmente também "transformá-los", ele e os seus, e o mais rápido possível, a julgar pelas palavras que acabamos de citar.

Pensamos involuntariamente no sinistro personagem de Torquemada, que acompanhava, de olhos lacrimejantes, suas vítimas à fogueira e estimava também que o "material humano" de sua época não podia ser "transformado" em virtuosos servidores da Santa Igreja senão pelas chamas purificadoras. O objetivo de Torquemada era o triunfo da "Santa Igreja", o de Bukharin é "a humanidade comunista", mas seus métodos provêm da mesma atitude de espírito.

Essas palavras não podem infelizmente ser tomadas como a expressão de um cérebro degenerado, no qual o desejo engendra o pensamento; elas são, ao contrário, a expressão de uma deplorável realidade. Sob a dominação bolchevique, o trabalho foi, com efeito, totalmente militarizado na Rússia e efetuado nas condições de uma disciplina de ferro. É assim que um operário comunista escreve, por exemplo, no número 13 do *Metalúrgico*:

Uma submissão total às ordens do diretor foi inaugurada na fábrica P. de Kostama. Direito de controle e direito à palavra são proibidos aos operários. As diretrizes do comitê operário são as mesmas da direção. Uma ausência sem autorização do superior significa privação no canteiro das rações suplementares. Uma recusa de fazer horas extras, a mesma coisa. Persistindo a recusa, é a prisão; em relação aos atrasos no trabalho, uma multa igual ao salário de duas semanas.

A DISCIPLINA E AS REVOLTAS OPERÁRIAS

Por uma torrente de decretos, o governo soviético tentou tornar plausível aos operários que era necessário, no interesse da nação, introduzir nas fábricas a mesma disciplina absoluta aplicada no exército, mas os trabalhadores não puderam aceitar tal visão das coisas. Foi assim que começou em 1920 um enorme movimento de greves que se apoderou de quase todos os centros industriais do país, dirigido em primeiro lugar e, por assim dizer, quase exclusivamente, contra essa militarização do trabalho. Os números do Comitê Central das Estatísticas do Secretariado do Trabalho ensinam-nos quanto à extensão do movimento:

1. Greves eclodiram em 77% das grandes e médias empresas.

2. Elas prosseguem nas empresas nacionalizadas, 90% das greves atingem justamente fábricas e empresas dessa categoria.

3. Em algumas fábricas só eclodiram, no período considerado, três a quatro greves.

4. Petrogrado é a cidade mais atingida pelas greves; a menos atingida é Kazan.

Um manifesto dos operários petersburguenses da época do grande movimento de greves, pouco antes da sublevação de Kronstadt, é significativo da mentalidade dos grevistas — é assim que se pode ler nesse manifesto: "É como se tivéssemos sido condenados aos trabalhos forçados; tudo, exceto a alimentação, deve ser feito segundo regras prescritas. Não somos mais homens livres, somos escravos".

No relatório da inspeção camponesa e operária para a reforma das prisões de Moscou de julho de 1920, é dito que "na prisão de Butirki encontram-se 152 operários das fábricas Brianski. Presos por terem participado de uma greve em 1º de março, ainda não foram interrogados".

Todas essas greves foram reprimidas com a maior brutalidade pelo governo soviético, que chegou, inclusive, a executar operários pela lei militar. Em todas as oficinas e todas as fábricas, há espiões do Partido Comunista encarregados de vigiar o estado de espírito dos trabalhadores. Quem quer que ouse exprimir seu descontentamento em relação ao estado de coisas atual arrisca-se à prisão; assim é aterrorizada a classe operária, é oprimida toda veleidade de uma livre expressão de sua vontade, e essa vergonhosa tirania parece para Bukharin e seus camaradas de partido como o único método para "transformar o material humano da época capitalista numa humanidade comunista"!

Devemos confessar que tal método jamais nos enganou, pois ele nunca alcançou, segundo nossa opinião, senão o contrário do que seus partidários buscavam ao empregá-lo. A experiência mais amarga deu-nos também razão. O método bolchevique não nos aproximou da "humanidade comunista", muito pelo contrário, comprometeu irremediavelmente o comunismo e tornou sua realização mais distante do que nunca. Em vez de resultar na "humanidade comunista", estamos hoje vivamente de volta ao capitalismo, e há, em tais condições, bem pouca esperança de poder "transformar o material humano da época capitalista" no sentido em que o desejavam Bukharin e seus amigos.

OS BOLCHEVIQUES CONTRA A INICIATIVA DA BASE

A "ditadura do proletariado" mostrou-se seguramente capaz de fazer nascer uma nova classe dominante e fazer da Rússia o país mais subjugado do mundo, mas ela falhou miseravelmente na reorganização da vida econômica e social. É verdade, enormes obstáculos opunham-se a isso. As terríveis conseqüências de uma guerra longa, de quase sete anos, a falta de matérias-primas, ferramentas e ferrovias são todos fatores de uma enorme importância, pelos quais os bolcheviques não são evidentemente responsáveis. Que uma reconstrução de conjunto da vida econômica em novas bases tenha sido, nessas circunstâncias, uma imensa tarefa, nenhum homem sensato o contestará. E essa tarefa deveria ser resolvida, a qualquer preço e em quaisquer circunstâncias, pois todo o futuro da Revolução dependia precisamente de sua solução.

O que censuramos nos bolcheviques é ter sistematicamente excluído, por seus métodos de violência, toda possibilidade de uma solução dessa tarefa mais decisiva e mais importante, transformando assim toda a vida econômica num monte de ruínas. Hostis a toda iniciativa vinda do próprio povo, eles destruíram as forças construtivas da revolução que surgem das massas. Assim nasceu, inevitavelmente, essa monstruosa burocracia nas poeirentas fábricas, que sufocou miseravelmente as últimas centelhas de vontade revolucionária. Citemos aqui só um exemplo entre mil. Como fiéis discípulos de Marx, os bolcheviques tentaram, de início, organizar toda a indústria no modelo das grandes empresas, e negligenciaram quase totalmente as médias, que só faziam entravar seus esforços de centralização. Ora, todos sabem que as grandes empresas só são rentáveis se forem extraordinariamente bem dirigidas. Isso era particularmente difícil de realizar em um país como a Rússia, onde as forças organizacionais, capazes de supervisionar grandes complexos industriais, não existem em número suficiente. Os hábitos burocráticos dos bolcheviques só fizeram, além do mais, complicar a tarefa, subordinando especialistas a comissários ignorantes, cujo único mérito era a condição de membros do Partido Comunista. Toda iniciativa pessoal séria foi assim eliminada desde o início e todo o trabalho foi regulado sobre um esquema morto; o fiasco deveria ser evidentemente tanto maior por se tratar de grandes empresas.

O RETORNO DOS PROPRIETÁRIOS CAPITALISTAS

Com o rápido declínio das pequenas e médias empresas tornando-se cada vez mais evidente, as associações cooperativas russas propuseram ao governo que se lhes deixasse a direção das primeiras. Poder-se-ia pensar que um governo que, segundo seus próprios dizeres, queria preparar a via ao comunismo teria aceitado com alegria tal proposição. Primeiramente, as cooperativas eram um extraordinário elemento organizacional, dispondo de conhecimentos em matéria de administração, e também teriam podido se tornar, graças a seus inúmeros membros nas vilas, um excelente órgão mediador entre a cidade e o campo. Mas é justamente isso que o governo não queria; uma ligação direta entre camponeses e operários, sem a intermediação dos comissários, não podia parecer-lhe senão uma monstruosidade contrária a todas as leis da burocracia. Assim, a proposição das cooperativas foi recusada sem hesitação. *Todavia, hoje, devolvem aos proprietários capitalistas que empregavam, antes da Revolução, menos de trezentos operários suas antigas empresas e, a bem da verdade, porque se pensa tornar a dar, desse modo, a vida às atividades produtivas das pequenas empresas e levar seus produtos ao campo. O que outrora recusaram às cooperativas dão hoje aos capitalistas, restabelecendo seus antigos direitos.*

Esse exemplo é típico. Ele lança uma luz crua sobre toda a monstruosidade de um método absurdo que, segundo seus partidários não menos absurdos, é o único que pode conduzir ao comunismo. Esse mesmo método é igualmente a causa do completo desinteresse dos trabalhadores por seu trabalho. Reduzindo-os ao estado de galés, privados de todo controle pessoal sobre seu trabalho e incondicionalmente submissos às ordens de seus superiores, mataram neles todo sentimento de responsabilidade e toda consciência de interesses comuns. O trabalho forçado não é, com efeito, um meio de suscitar no homem o gosto pelo trabalho e seu amor, que só são possíveis pelo sentimento da liberdade e pelo desenvolvimento da responsabilidade pessoal, que religa cada indivíduo aos interesses de todos. A maravilhosa teoria do "trabalho atrativo" de Charles Fourier não deixou qualquer vestígio nos espíritos dos comunistas jacobinos da República soviética. Assim, Kropotkin não estava errado ao declarar em sua "Mensagem aos Trabalhadores Ocidentais":

> Na experiência russa, vemos como o comunismo não pode ser introduzido, conquanto a população, enojada pelo antigo regime, não tenha oposto resistência ativa à experiência do novo governo. A idéia dos conselhos controlando a vida política e econômica do país é em si mesma extraordinariamente importante e significativa... Todavia, pelo tempo que o país é dominado pela ditadura de um partido, os conselhos operários e camponeses perdem naturalmente toda a sua significação. Eles são degradados até desempenhar o papel passivo que as representações dos Estados e os parlamentos desempenhavam outrora, quando eram convocados pelo rei e deviam combater um todo-poderoso conselho da coroa. Um conselho operário cessa de ser um conselheiro livre e precioso quando deixa de existir imprensa livre no país, como é o caso entre nós há mais de dois anos. Desculpou-se esse estado de coisas. Mais ainda, os conselhos operários e camponeses perdem toda significação quando nenhuma agitação eleitoral precede sua eleição, a qual se desenvolve sob a pressão da ditadura do partido. Há, naturalmente, a desculpa habitual de que um governo ditatorial é indispensável como meio de luta contra o antigo regime. Mas um governo dos conselhos desse tipo significa um passo atrás sempre que a Revolução avança na edificação de uma nova sociedade sobre uma nova base econômica: torna-se um princípio morto sobre uma nova base.

Hoje sabemos que a "ditadura do proletariado" foi um fracasso em todos os campos nos quais se tratava verdadeiramente da execução das exigências socialistas, e que, em contrapartida, sufocou a Revolução e desenvolveu até as suas mais extremas conseqüências a tirania de todos os sistemas despóticos anteriores. É nisso que reside sua trágica significação para a história futura.

A III INTERNACIONAL
órgão da política de estado bolchevique

Não se deve crer, por sinal, que somos os únicos a ver as coisas na Rússia como já descrevemos: pelo contrário. Os chefes dos diferentes partidos comunistas europeus, na medida em que não são gramofones sem cérebro dos ditadores de Moscou e ainda conservaram algum juízo pessoal, sabem muito bem qual é a situação na Rússia soviética. Infelizmente, a maioria deles não tem a coragem moral, por razões partidárias, de dizer a verdade à opinião pública. É só no momento de uma ruptura que apreendemos este ou aquele detalhe.

É geralmente conhecido que o Partido Socialista Italiano foi o primeiro a prestar homenagens incondicionais ao bolchevismo. *Avanti*, seu órgão central, glorificou Lênin nos termos mais enfáticos e o Partido declarou-se quase unanimemente a favor de Moscou. Todavia, após o retorno de algumas delegações italianas da Rússia, circularam rumores à boca pequena, permitindo pensar que muitos partidários tinham perdido consideravelmente seu entusiasmo, depois de ter pessoalmente visto o paraíso do "comunismo". Não se dizia, naturalmente, nada em público; ao contrário, a imprensa socialista continuava a cantar em todos os tons louvores ao bolchevismo. Entretanto, certos detalhes do que alguns puderam ver e aprender na Rússia transpiraram pouco a pouco, até que algo chegasse à imprensa burguesa, que fez revelações. Foram sobretudo essas indiscrições que fizeram a gente de Moscou exigir dos italianos uma profunda "depuração" de seu Partido. Foi no transcurso dessa querela entre irmãos que Serrati, redator-chefe de *Avanti* e, até aquele momento, uma das personalidades mais célebres em Moscou e na III Internacional, enviou a Lênin a seguinte resposta característica:

> Não quero engajar a polêmica quanto a vossa proposição de substituir os antigos dirigentes de todas as organizações proletárias, não só políticas, como também sindicais, cooperativas, culturais etc., por novos, todos comunistas. O que sei é que haveria grandes dificuldades para realizar isso na Itália, onde nos faltam homens convenientes. Pode acontecer que muitos desses recém-chegados apresentem-se como os comunistas mais radicais, unicamente para alcançar as posições dirigentes. Esse é um sério perigo que bem conheceis pois é um dos mais dolorosos entre aqueles que oprimem vossa República. Desde a Revolução de Outubro o número dos membros de vosso Partido decuplicou, sem que tivésseis ganhado bastante com isso, malgrado vossa muito restrita disciplina e as depurações periódicas. Toda a *criadagem* passou para o vosso lado porque sois poderosos. O mérito da Revolução vos cabe, mas aqueles a quem se poderia chamar de tubarões da Revolução são culpados por seus erros e vilanias. São os mesmos que fundaram essa burocracia estúpida e terrível, e que querem criar em seu proveito novos privilégios na República soviética, enquanto as massas operárias e camponesas, pacientes e resignadas, suportam todo o peso da Revolução e opõem-se a todos os privilégios. Foram os arrivistas, os revolucionários de ontem que, exagerando tudo, disseminaram o terror, para fazer dele um meio de chegar a seus fins. Foram eles que, por cima dos sofrimentos das massas, fizeram da Revolução proletária o instrumento de seu prazer e de sua dominação. Doravante, instruídos por nossa experiência e pela vossa, queremos observar isso duas vezes antes de aceitar como a mais pura pérola quem quer que se apresente a nós como um comunista recém-formado e confiar-lhe a direção de nosso governo, ainda mais se ele foi há pouco partidário da guerra, da União Sagrada e dos membros do governo.

QUANDO SE ABREM OS OLHOS

Essas poucas linhas de Serrati são importantes por vários motivos. Elas nos mostram, em primeiro lugar, que mesmo nos meios comunistas — Serrati ainda era partidário convicto de Moscou quando as escreveu — muitos não se iludem quanto ao verdadeiro estado de coisas na Rússia. Que se calem sobre tais coisas ou, pior ainda, que continuem, a despeito do que se sabe e de sua consciência, a divulgar outras que contradizem totalmente a verdade é, segundo nosso ponto de vista, o maior crime já perpetrado contra a classe operária. A maioria o comete por covardia moral, tremendo pela simples idéia de ser suspeita do crime de "contra-revolução". Todavia, isso não impedirá, naturalmente, que seja justamente desse lado que serão lançados os maiores paralelepípedos sobre os bolcheviques, chegada a hora. Quanto aos outros, eles o fazem por frio calculismo e diplomacia secreta no interesse da "razão do Partido".

Naturalmente, Serrati foi amaldiçoado e devidamente tratado de "contra-revolucionário". Contudo, habitua-se a tais pequenos detalhes e não se os toma mais por algo trágico, pois se sabe hoje que louvores e censuras estão, como todo o resto, submetidos em Moscou à oferta e à procura. Basta lembrar do caso de Ernst Däumig, na Alemanha; Lênin em pessoa tratou-o de "covarde pequeno-burguês" e "reacionário", mas tudo mudou tão logo ele ingressou no Partido Comunista, no qual logo foi eleito para o Comitê Central, malgrado as belas qualidades que lhe haviam sido atribuídas por Lênin.

Mas Serrati tocou em outro ponto da mais alta importância, qual seja, a influência do bolchevismo sobre o movimento operário internacional. Ao fundar a III Internacional, o governo soviético deu-se um organismo destinado a promover as diretrizes de sua política na classe operária dos diferentes países. No início, não se via com clareza os verdadeiros objetivos e atividades dessa organização. A bancarrota da II Internacional, quando eclodiu a Primeira Guerra Mundial, e a forte influência da Revolução Russa sobre os trabalhadores do mundo inteiro despertaram em toda a parte no proletariado o desejo de uma nova associação internacional, desejo tanto mais forte porque a situação geral criada pela guerra era muito revolucionária. Assim, a criação da III Internacional encontrou a simpatia geral. E como ninguém tinha, no início, como já dissemos, uma idéia clara dos objetivos e dos métodos dessa nova associação, nada há de surpreendente no fato de que todas as tendências socialistas tenham se declarado prontas para nela ingressar. Assim, tendências completamente moderadas, como o Partido Socialista Español ou o Independent Labour Party inglês, envolvidas pela atmosfera geral, manifestaram publicamente sua simpatia, e organizações sindicalistas e até mesmo anarquistas deixaram-se levar pela corrente e anunciaram sua adesão. Tínhamos o direito, contudo, de esperar um pouco mais de reservas destas últimas.

O PAPEL DA III INTERNACIONAL

Como sempre, nosso velho amigo e combatente Errico Malatesta compreendeu de imediato e com justeza o cerne da questão quando escreveu no *Umanità Nova* as seguintes linhas que merecem nossa atenção:

Que tipo de associação é essa III Internacional, cuja existência parece-nos ainda de natureza muito mística e que só deve, até nova ordem, todo o seu prestígio ao fato de que ela vem da Rússia, país que, se se encontra certamente em estado de revolução, permanece, contudo, envolto nas nuvens da legenda? Tem ela até aqui um programa preciso que possa ser aceito por todas as tendências que desejam associar-se a ela? Ou, então, seu programa será apresentado, discutido e formulado no transcurso do primeiro congresso? E se é esse o caso, que posição o congresso tomará? Estará pronto para receber os delegados de todas as organizações e de todos os partidos operários e garantir a todos os mesmos direitos? Convidará, em particular, os anarquistas e lhes permitirá tomar parte de seus trabalhos? Se a III Internacional quiser ser apenas uma organização no modelo dos partidos socialistas, cujo objetivo é a conquista do poder político e o estabelecimento da pretensa "ditadura do proletariado", destinada a criar um Estado comunista autoritário, é evidente que nada temos a fazer em suas fileiras. Uma autêntica Internacional do povo trabalhador deveria reunir todos os trabalhadores que alcançaram a consciência de seus interesses de classe, todos os trabalhadores curvados sob o jugo da exploração e desejosos de liberar-se, todos os trabalhadores decididos a combater o capitalismo, cada tendência utilizando nessa luta os meios que lhe parecem os mais apropriados. Todos, anarquistas, socialistas, sindicalistas, poderiam reunir-se em tal Internacional, sem que uma tendência qualquer seja forçada a renunciar a seus objetivos e meios próprios. Cada um ali encontraria um terreno para sua própria propaganda e, ao mesmo tempo, uma poderosa alavanca para levar as massas ao combate decisivo. É essa hora que aguardamos com esperança.

Hoje estamos totalmente esclarecidos quanto aos objetivos e às tendências da III Internacional; a experiência provou-nos o quanto Malatesta tinha razão ao recomendar a nossos camaradas um pouco mais de reflexão antes de sua decisão.

Os famosos – e tristemente célebres – 21 pontos do 2º Congresso deveriam ter aberto os olhos de todos os que ainda não perderam o hábito de pensar. Esse centralismo levado ao extremo é a negação de toda liberdade, a supressão de toda iniciativa pessoal, a degradação do movimento operário em um rebanho de cordeiros, sem outra coisa a fazer senão submeter-se, de olhos fechados, às instruções de cima. Exatamente como se sufocou no ovo todo movimento independente na Rússia e se calou toda oposição por meio das metralhadoras e das prisões, tenta-se agora fazer passar o conjunto do movimento operário internacional por condições duras e humilhantes. O êxito dessa tentativa significaria o fim de todo movimento socialista autêntico, a petrificação sem esperança das idéias, a morte de todos os germes suscetíveis de desenvolvimento e de todas as formas de vida no caminho do socialismo. A própria Igreja Católica Romana nunca ousou até aqui "conceder" a seus fiéis um código da ausência de liberdade e da servidão espiritual erigida em princípio, tal como ele encarna-se nesses famosos 21 pontos. A idéia de subordinar um movimento que se estende a todos os países — e que depende, pois, das circunstâncias particulares de cada um deles — ao poder e às ordens rígidas de uma central entronizada em Moscou é, em si, tão monstruosa que só pôde nascer em um cérebro possuído pela idéia fixa de dirigir os homens a seu bel-prazer, como os personagens de um teatro de marionetes. Uma idéia grandiosa, na verdade, que honraria um Ludendorff.

O pior é que se tentou efetivamente fazer passar esses princípios insensatos para a realidade prática. Assim, a tragédia sangrenta, tão desastrosa para a classe operária, da última "sublevação de março", na Alemanha, é o resultado direto dessa funesta política. Empurraram os operários da Alemanha central a esse movimento, e nenhum ser sensato podia ignorar de antemão que ele terminaria infalivelmente em um terrível fiasco, pois não existia na época a menor condição de uma sublevação geral das massas. Foi uma insurreição encomendada, o resultado de um *diktat*. O *pronunciamento* do doutor Paul Lévi e as discussões que se seguiram no seio do Partido Comunista alemão permitiram trazer um pouco de luz para esse sombrio caso. Qualquer um que não esteja atacado por uma incurável cegueira pode ver claramente que, como o disse o doutor Lévi, "a primeira incitação a essa ação, sob a forma em que se desenvolveu, não veio do lado alemão". Como ninguém além de Moscou podia ter interesse nisso, fica claro que ela proveio da central moscovita. O governo soviético encontrava-se na época em uma situação difícil: as greves em Petrogrado, a insurreição de Kronstadt, a miséria geral haviam criado na Rússia uma atmosfera que ameaçava tornar-se perigosa para ele. Uma diversão era, pois, bem-vinda, e a infeliz sublevação da Alemanha central lha proporcionou. A imprensa comunista governamental russa publicou os relatórios mais delirantes concernentes à "nova revolução" na Alemanha e à progressão, tratando ao mesmo tempo de contra-revolucionário quem quer que atacasse, nesse momento decisivo, o governo soviético pelas costas. E, enquanto os tribunais militares liquidavam os marinheiros de Kronstadt e a Tcheka organizava a caça aos anarquistas e aos sindicalistas, os operários alemães eram conduzidos a uma catástrofe que devia servir de pára-choque aos dirigentes soviéticos. Empregaram, além disso, os meios mais repreensíveis para ocultar, sem qualquer escrúpulo, dos trabalhadores comunistas da Alemanha central, engajados no combate, a situação exata em seu país. Contaram-lhes, entre outras histórias para boi dormir, que Berlim estava em chamas e que a classe operária erguera-se como um único homem no Ruhr, quando, de fato, seu movimento não tivera, por assim dizer, nenhum eco no país.

Assim, centenas de corajosos operários foram condenados à morte ou aos trabalhos forçados, vítimas da diplomacia secreta própria ao Partido Comunista. Os estúpidos pobres diabos à frente da central comunista de Berlim, incapazes de outra coisa, sufocados como são pelo respeito, senão pelo rastejo diante dos ditadores moscovitas, devem ainda hoje suportar admoestações públicas de Lênin e Trotski, em agradecimento por sua servil obediência às instruções de Moscou. De fato, isso só tem por objetivo apagar os vestígios que conduzem da Alemanha central a Moscou e não é outra coisa senão um novo interlúdio da tática maquiavélica que lá se maneja com tanta maestria.

A INFLUÊNCIA DO BOLCHEVISMO
sobre o movimento operário internacional

Àquele que quiser ter uma idéia da influência funesta que o bolchevismo exerce nos outros países sobre os partidos aparentados a ele basta ler a célebre circular que a central do Partido Comunista Unificado da Alemanha enviou em maio de 1921 às suas diferentes seções locais. Insiste-se nesse documento particularmente no que se chama "obtenção das informações", e cada membro engaja-se a participar ativamente no sistema de espionagem de vastas ramificações organizado pelo Partido. Pode-se, assim, ler entre outras belas declarações:

Colheremos informações examinando cuidadosamente todos os eventos políticos e militares importantes que acontecem nas casas. O camarada deve conhecer a importância das forças revolucionárias existentes no campo de suas atividades — quantos membros do KPD, do USPD, da USPD etc. e quantos sem-partido —; ele deve conhecer também a importância das forças contra-revolucionárias e saber quantas delas não tomarão parte nos combates sérios e quantas, ao contrário, têm ativos contra-revolucionários que encontraremos confrontados a nós na luta. Ele deve informar-se para saber se os habitantes dessas casas dispõem de armas, se existem depósitos, se há membros do "Orgesch", de organizações de autoproteção, se ocorrem reuniões secretas das organizações contra-revolucionárias. Deve desenvolver um trabalho de propaganda regular junto a todos esses habitantes, e particularmente com soldados, tropas de segurança, operários não-politizados etc. Deve conhecer em seu campo de atividades cada um em particular e saber que posição em relação ao proletariado revolucionário cada um tem agora e que posição terá nas próximas lutas.

É dessa maneira que os trabalhadores são diretamente levados à espionagem e sua mentalidade é corrompida. A tristemente célebre instituição da Rússia bolchevique, a Tcheka, já projeta sua sombra na Alemanha, e é muito provável, infelizmente, que se siga também esse exemplo em outros países, na medida em que neles existam partidos comunistas. Mal se pode imaginar que abismos de desconfiança e ódio recíprocos são assim criados nos meios proletários. Os frutos dessa tática, por sinal, são em toda parte claramente visíveis, já hoje: nunca a classe operária havia sido tão dividida interiormente; nunca, também, uma organização havia suscitado tantos obstáculos à unificação das forças revolucionárias quanto os bolcheviques e seu órgão, a III Internacional.

Isso não deve fazer desconhecer o fato de que a maioria dos trabalhadores comunistas nutrem as melhores intenções e que estão sinceramente convictos da excelência e da oportunidade dos métodos que se lhes exaltaram dia após dia como a pedra filosofal. É também a razão pela qual a exigência de um "*front* único do proletariado" é tão amiúde e continuamente avançada, precisamente nos meios comunistas. Sentimos a necessidade de uma unificação e pensamos poder obtê-la por uma forma de organização centralista extremamente estrita; daí a crença segundo a qual a III Internacional tem justamente vocação de criar esse *front* único com o qual se sonha. Se a unidade de um movimento fosse apenas a reunião puramente mecânica das forças sobre um modelo militar, os famosos 21 pontos do 2º Congresso de Moscou seriam talvez o meio de realizar esse sonho, mesmo que fosse porque eles, em sua forma centralista levada ao extremo, vão além de tudo o que havia sido feito até aqui nesse campo. Mas essa concepção mecanicista das coisas, que é um sinal característico de toda maneira militar de pensar, prova um enorme desconhecimento dos fatos que, no final das contas, foram fatais a todos os Napoleões. Aplicada ao movimento socialista, ela só pode resultar na eliminação, pela violência, de todos os esforços e de todos os princípios libertários e autenticamente socialistas.

Fala-se da unidade do movimento operário, mas só se pode imaginá-la nos estreitos limites de um partido e de um programa fixo e fechado. Ora, o socialismo, que deve ser a alma desse movimento, o único que pode insuflar a força vivificadora de um novo devir social, não é um conjunto fechado sobre si mesmo, nos limites fixos e imutáveis, mas um conhecimento e uma compreensão em permanente evolução dos fenômenos variados da vida social. Ele se torna obrigatoriamente um dogma morto quando esquece isso, que é sua própria essência, renunciando, assim, a si mesmo. É precisamente por isso que cada uma de suas diferentes tendências tem um direito particular à existência, pois traz ao conjunto novos aspectos e novas perspectivas. Quem quer que não seja capaz de reconhecer essa profunda e fundamental verdade sempre conceberá a unidade desejada de maneira puramente mecânica, mas nunca orgânica.

AS CONDIÇÕES DA UNIDADE
DO MOVIMENTO OPERÁRIO

A antiga Internacional só pôde ter tão forte influência sobre o desenvolvimento do movimento operário europeu porque seus fundadores haviam compreendido a profunda significação desse princípio elementar e dele tinham feito a condição essencial da organização interna da grande associação operária. Enquanto ela permaneceu-lhe fiel, a Internacional desenvolveu-se com um vigor insuspeito e fecundou o movimento operário com suas idéias criadoras. Tinha um princípio de base comum, laço formal para cada tendência em suas fileiras: a abolição da escravidão salariada e a reorganização social sobre a base do trabalho comunitário, liberado de toda exploração, sob qualquer forma que fosse. Ela dizia aos trabalhadores que esse grande objetivo de libertação social devia ser sua própria obra, mas, ao mesmo tempo, reconhecia a cada tendência-membro o direito inalienável de lutar por esse objetivo comum com os meios que lhe parecessem os melhores e os mais bem adaptados, bem como determinar segundo sua própria apreciação as formas de sua propaganda.

Desde o instante em que o Conselho Geral londrino, que estava inteiramente sob a influência de Marx e de seus amigos, mas já não representava absolutamente nem o espírito inicial da Internacional nem as atividades de suas federações, empreendeu a funesta tentativa de destruir esses direitos fundamentais e pôr um termo à autonomia das seções e das federações, obrigando-as a uma atividade parlamentar, desde esse instante rompeu-se o *front* unitário da Grande Associação dos Trabalhadores e chegou-se a essa fatal cisão que arruinou o conjunto do movimento operário e cujas conseqüências aflitivas fazem-se sentir hoje mais do que nunca. A velha Internacional era uma grande reunião de organizações sindicais e de grupos de propaganda. Ela não considerava o pertencimento de seus membros a um partido preciso como sua melhor oportunidade de eficácia, mas sim sua qualidade de produtores, mineiros, marinheiros, trabalhadores agrícolas, técnicos etc., e é por essa razão que ela era verdadeiramente uma Internacional *dos Trabalhadores* — a única que tenha merecido, de fato, até agora, esse nome. Sua ala radical, cujo representante mais conhecido e mais influente foi Bakunin, não negava absolutamente aos trabalhadores alemães o direito ao parlamentarismo, conquanto recusasse categoricamente, por sua parte, toda atividade desse tipo. Bakunin reivindicava, em contrapartida, o mesmo direito para suas convicções e suas atividades, e a tristemente célebre Conferência de Londres (1871) enterrou, pisoteando esse direito, a unidade orgânica da classe operária, que encontrara sua poderosa expressão na Grande Associação.

A pretensa II Internacional não era, mesmo em seu começo, uma Internacional dos trabalhadores, mas de partidos socialistas operários que se reuniram sob a plataforma do parlamentarismo. Ao excluir de seus congressos os anarquistas e as outras tendências que recusavam por princípio a conquista do poder político como pretensa condição prévia para a realização do socialismo, ela não podia reivindicar o título de Internacional dos trabalhadores tanto quanto o título de Internacional dos socialistas, pois só representava uma tendência completamente particular do movimento operário e das idéias socialistas.

Inteiramente semelhante é a posição da III Internacional, de cuja atividade prática até o presente momento não vimos quase nada, a menos que se queira considerar como tal suas proclamações tão numerosas quanto ruidosas. O plano inicial de seus fundadores — postos à parte os interesses particulares da política de Estado bolchevique, que desempenharam ali um papel que não se poderia subestimar — era aparentemente criar uma reunião dos elementos de esquerda do movimento político operário, dos quais esperavam que fossem o fermento da revolução mundial desejada. Não se tratava, também neste caso, de uma autêntica Internacional dos trabalhadores, nem mesmo de uma nova reunião dos partidos operários socialistas, mas apenas de uma ínfima fração desses partidos. O próprio Lênin parece ter rapidamente reconhecido o caráter insuficiente de tal associação e propôs, em conseqüência, abrir espaço para os sindicalistas, esses mesmos sindicalistas que ele havia antes tão violentamente combatido e aos quais agora declarou uma guerra sangrenta na Rússia. O sucesso foi muito reduzido, e é difícil crer que se possa estar muito contente com isso em Moscou.

LIMPEZA OU COMPETIÇÃO LEAL

Naturalmente, frações de um movimento global têm também o direito de ligar-se internacionalmente, e nenhuma pessoa sensata lhes negará. Mas o que devemos exigir delas é que combatam a rosto descoberto, que não se introduzam como ladrões nos outros movimentos para destruí-los do interior ou fazê-los servirem à política de uma certa tendência. Esse novo jesuitismo em vestes comunistas é tão condenável quanto os tortuosos métodos da Companhia de Jesus que, no interesse da Igreja, santifica todos os meios sempre que se trata de alcançar um certo objetivo. A formação das famosas "células" no interior das organizações operárias não-comunistas, que a III Internacional considera um dever dos mais imperativos para seus membros, não é apenas uma reedição dos princípios jesuíticos no movimento operário? Ou, então, como se deve compreender a lição repleta de promessas que Lênin dá a seus camaradas de partido em sua obra bem conhecida *O esquerdismo, doença infantil do comunismo*:

Deve-se saber resistir por todos os meios, consentir em cada sacrifício e estar pronto a tudo e — se necessário — empregar inclusive a astúcia, a dissimulação, os métodos ilegais, calar e dissimular a verdade, para apenas poder entrar nos sindicatos, ali permanecer e realizar um trabalho comunista.

Que confiança se pode dar a essa gente, que elevou tais métodos à altura de princípios e sustentam sua aplicação no interesse da razão do partido como um preceito?

Isso não é educar artificialmente e da pior maneira uma tropa de mentirosos e intrigantes, e corromper sistematicamente o movimento operário? Promover uma ação de cujas terríveis conseqüências ninguém pode escapar não é gerar víboras? E uma cooperação qualquer com as organizações que professam e praticam tais princípios é possível?

Compreende-se, lendo essas linhas, o segredo da arte de um governo que pôde romper de maneira tão vergonhosa um tratado assinado por ele, como fez por exemplo com Makhno. Mas também se compreende como se deve apreciar as notícias provenientes das fontes soviéticas oficiais!

Todavia, uma vez que se começou a usar tais métodos em relação àqueles que professam outras opiniões, não há mais limites, e o que se estima bom para os outros só pode parecer válido para seu próprio uso. Não nos surpreendamos, pois, com o fato de que o mesmo sistema encontre aplicação nos próprios partidos comunistas, para verificar a solidez das convicções dos militantes. Agentes da III Internacional são enviados da Rússia para espionar as centrais nacionais e enviar seus relatórios para Moscou. Em sua brochura *Nosso caminho*, Paul Lévi diz:

A declaração oficiosa do camarada Radek revela mais um outro efeito, bem mais nocivo, do sistema dos delegados, qual seja, suas relações diretas e secretas com a central de Moscou. Pensamos que o descontentamento em relação a isso é aproximadamente o mesmo em todos os países onde tais emissários estão em atividade. É um sistema semelhante àquele da Sainte-Vehme: os delegados nunca trabalham com, mas sempre por trás e amiúde contra a central nacional; eles a tornam crível a Moscou, os outros não. Esse sistema só pode matar toda confiança em um trabalho mútuo, e isso dos dois lados, tanto junto ao executivo quanto junto aos partidos membros. Esses camaradas não podem, na maior parte do tempo, ser empregados na direção política, com a qual estão muito pouco familiarizados; assim, chega-se ao seguinte estado de coisas desolador: uma direção política a partir do centro não existe. A única coisa que faz o executivo, nesse sentido, são apelos que chegam demasiado tarde e excomunhões que chegam demasiado cedo. Tal direção política da Internacional comunista não leva a nada, ou então à catástrofe. O executivo não se comporta diferente de uma Tcheka agindo além das fronteiras russas, o que é uma situação impossível. A exigência precisa de uma mudança — que os delegados usurpadores e sem qualificação cessem de se apoderar, em cada país, da direção — não é uma exigência de autonomia.

É claro que o homem que pôde elevar tal protesto depois de ter defendido, um ano antes, os 21 pontos da maneira mais ruidosa só podia ser excomungado. Se considerarmos, além disso, que a III Internacional dispõe, para alimentar seus agentes, sua imprensa e seus propagandistas no estrangeiro, graças às subvenções de Estado russas, de poderosos meios financeiros, que só podem atrair, como o estrume atrai as moscas, todos os aventureiros e charlatães políticos, pode-se medir a influência funesta dos métodos bolcheviques sobre todo o movimento operário.

A MALDIÇÃO DO CENTRALISMO

O centralismo, hoje tornado um dogma para os partidários da maioria das tendências socialistas, não só não foi capaz de estabelecer a unidade do movimento operário desejada por todos, mas também não soube manter a unidade em seu próprio partido. Quanto mais uma determinada tendência pôs as posições centralistas em primeiro plano, maior foi seu fracasso precisamente nesse campo. Vemos uma extraordinária ilustração dessa regra no estado dos diferentes partidos comunistas nacionais. Quase em toda parte houve cisões, e onde a unidade do Partido foi com muita dificuldade salvaguardada, percebemos a fragilidade interna, o que é particularmente visível na Alemanha, onde as cisões são fenômenos integrantes do repertório dos partidos comunistas. Mas isso não é razão para que se pense que essa lastimosa situação conduza esses simplórios à reflexão! Ao contrário, após cada fiasco, esforçam-se para reforçar ainda mais o centralismo e endurecer a disciplina até poder, enfim, anunciar a seus leitores, como o *Kommunist* de Stuttgart:

Um membro do Partido deve estar pronto para se matar sob a ordem do Partido. Em resumo, toda vontade pessoal deve desaparecer.

Uma declaração em que a loucura alcança um nível que faz temer mais que uma degenerescência do cérebro!

Outrora, lutando pela melhor forma de Igreja, teólogos protestantes e católicos buscavam superar-se mutuamente em sutilezas metafísicas e os povos escutavam suas palavras com um temor respeitoso. Os raros espíritos audaciosos que, no transcurso dos séculos, viram claramente que a causa do mal não residia na forma da Igreja, mas em sua existência, sofreram a hostilidade geral, foram desconsiderados e difamados por seus contemporâneos. Mais tarde, nasceu a disputa relativa à melhor forma de Estado. Os diferentes partidos políticos, que desempenham na esfera do poder de Estado o mesmo papel que as diferentes escolas teológicas na esfera da Igreja, não passam, no fundo, de teólogos de Estado rivalizando entre si a descoberta da melhor forma de Estado. Todavia, quão poucos, mais uma vez, perceberam claramente que disputar sobre a forma significava desconhecer o verdadeiro problema: que a raiz profunda do mal não estava na forma, mas na existência do Estado; que não se trata tanto, enfim, de saber como somos governados, mas sim O SIMPLES FATO DE QUE SOMOS GOVERNADOS.

Hoje, é a idéia do centralismo, essa invenção original do Estado, que obceca os espíritos. O centralismo tornou-se a panacéia de nossa época e, assim como outrora se querelava pela melhor forma de Igreja e ainda hoje pela melhor forma de Estado, buscam-se agora todas as faltas e todos os erros do sistema centralista em seus representantes fortuitos, e não no próprio sistema. Dizem-nos que o centralismo é a reunião das forças, a concentração da manifestação da vontade proletária sobre um determinado objetivo, em resumo, a unidade da ação. Essa afirmação é, contudo, um vergonhoso desconhecimento dos fatos e, em numerosos casos, apenas uma mentira consciente, cujo emprego se tem como justificado e sensato no interesse do partido. O centralismo nunca foi uma unificação das forças; muito pelo contrário, foi a paralisia das forças; é a unidade artificial de cima para baixo, que busca alcançar seu objetivo pela uniformização da vontade e pela eliminação de toda iniciativa independente — a unidade de ação de um teatro de marionetes, no qual cada personagem salta e dança ao bel-prazer daquele que puxa os cordões nos bastidores. Todavia, basta que os cordões se rompam para que a marionete desabe.

Que o Estado veja na centralização a mais perfeita forma de organização é completamente natural, e compreendemos que ela seja o objetivo dos esforços de seus apoios. Com efeito, para o Estado, a uniformização do pensamento e da ação é uma condição prévia essencial de sua própria existência. Ele odeia e combate a iniciativa pessoal, a reunião voluntária das forças nascida da solidariedade interna. Para ele, cada cidadão é apenas uma roda sem vida num grande mecanismo, cujo lugar na máquina é exatamente fixado; resumindo, a supressão da independência pessoal, que ele busca obter pela centralização das forças, é uma questão vital. Sua tarefa principal é formar súditos leais e elevar a mediocridade intelectual à altura de um princípio. Nenhuma ação sem ordem, nenhuma decisão sem inspiração de cima. Uma burocracia dessecada e uma imitação sem espírito de formas prescritas, tais são as inevitáveis conseqüências de toda centralização.

UNIDADE DAS FORÇAS, INDEPENDÊNCIA DO PENSAMENTO E DA AÇÃO

Para o movimento operário revolucionário, são necessárias condições inteiramente diferentes se ele quiser alcançar seus objetivos. Pensamento independente, apreensão crítica das coisas, necessidade pessoal de liberdade e atividade criadora são as condições prévias mais importantes de sua vitória final. Eis por que todo centralismo no movimento operário é um revés reacionário, que ameaça sua própria existência e rejeita seus objetivos próprios para horizontes longínquos nebulosos. Para um movimento autenticamente libertário, o federalismo é a única forma de organização possível; longe de significar o esmigalhamento das forças e de opor-se a uma ação unificada, ele é, ao contrário, unidade das forças, mas uma unidade emanada da convicção de cada membro, que se apóia sobre a ação voluntária e livre de cada grupo particular, sobre a solidariedade viva de sua comunidade. Para ele, a independência do pensamento e da ação é o fundamento de todo ato unitário. Ele não busca alcançar seus fins pela uniformidade de decretos elaborados na cúpula, mas pela reunião planificada e livremente consentida de todas as forças existentes perseguindo o mesmo objetivo.

Na Rússia, o centralismo, que encontrou sua expressão mais perfeita na ditadura, sufocou a Revolução antes de retornar, no final das contas, ao capitalismo. Na Alemanha, onde o poder político adveio por inteiro, em novembro de 1918, aos partidos socialistas, nenhuma tentativa séria foi feita para construir a via econômica sobre novas bases e não se ultrapassou as frases banais sobre a socialização. Na Rússia, a Revolução foi enterrada pela ditadura; na Alemanha, pela Constituição. Nos dois casos, o socialismo despedaçou-se sobre os recifes da política de poder dos partidos socialistas. *Na Alemanha, a política de poder da social-democracia "moderada" conduziu-nos à ditadura de Noske; na Rússia, a política de poder da social-democracia "radical" levou-nos à ditadura de Lênin e Trotski. Em ambos os casos, o resultado foi o mesmo: a sangrenta subjugação das classes não-possuidoras e o triunfo da reação capitalista.*

A era Noske foi a época de ouro da prisão preventiva, do estado de sítio e dos tribunais militares de exceção. Nenhum governo burguês havia ousado nesse país pisotear tanto os direitos dos trabalhadores quanto sob a dominação dos déspotas socialistas; mesmo os tempos sombrios das "leis anti-socialistas" de Bismarck empalidecem em comparação com o regime de terror de Noske.

A era Lênin-Trotski é a época de ouro do banimento de todos os autênticos socialistas e revolucionários, a época da falta total de direitos da classe operária, época da Tcheka e das execuções em massa. Época em que se levou ao extremo todos os horrores do sistema czarista.

Essas duas eras fizeram tudo o que é humanamente possível fazer para oprimir sem mercê toda liberdade e violar brutalmente toda dignidade humana. Ambas fracassaram deploravelmente quando se tratou de fazer passar para a realidade as exigências autenticamente socialistas.

Esperemos que a classe operária extraia a lição desses tristes resultados e que comece, enfim, a compreender que os partidos políticos, por mais radicais que se digam, são absolutamente incapazes de bem conduzir a reorganização da sociedade no sentido socialista, porque lhes faltam todas as condições necessárias para essa tarefa. Toda organização à forma de partido tem por eixo a conquista do poder e repousa sobre a ordem imposta de cima. Assim, ela é hostil a todo devir orgânico que se desenvolva no seio do povo, pois ela simplesmente não pode compreender as energias e capacidades criadoras que ali dormem. Despertá-las e levá-las a desenvolver-se, tal é a tarefa principal do socialismo, que, entretanto, só pode realizar-se no seio das organizações econômicas da classe operária, a única chamada a iniciar e conduzir a termo a orientação socialista da sociedade. É assim que os trabalhadores devem estar preparados para essa grande tarefa. Convém estudar as relações internas da produção e da distribuição dos produtos criadas por eles, adquirir e aprofundar o sentido da administração das empresas bem como compreender as relações naturais entre a agricultura e a indústria, para poder responder às exigências de uma situação revolucionária. Essa atividade, apoiada por experiências práticas onde estas são possíveis, é a única autêntica educação para o socialismo. A grande associação econômica dos trabalhadores intelectuais e manuais, e não o partido, eis a ponte que nos conduzirá à sociedade socialista, e essa ponte deve ser construída pelas próprias massas, hoje escravas do salariado.

"QUEM DETÉM O PODER ABUSA DELE"

É verdade, nós também sabemos que as revoluções não são feitas com água de rosa e que as classes possuidoras não renunciarão por si mesmas a seus privilégios. No dia da revolução vitoriosa, o povo trabalhador deverá impor sua vontade aos atuais possuidores do solo e dos meios de produção. Mas isso só pode ser realizado, em nossa opinião, pelo controle do capital social e pela demolição do aparelho de coerção política, que foi até aqui a mais sólida muralha de toda exploração das massas, e sempre o será. Esse ato é para nós um ato de libertação, uma manifestação de justiça social; é o ponto central e essencial da revolução social, que nada tem em comum com a idéia puramente burguesa de uma ditadura.

O proletariado deve livrar-se das ideologias burguesas das revoluções políticas, que encontram sempre seu resultado numa nova ocupação do aparelho do poder político. Quem detém o poder abusa dele; eis por que é preciso impedir toda tomada do poder, seja por um partido, seja por indivíduos, pois ela sempre conduz a uma nova escravidão para o povo. Que isso se passe sob o signo do cetro ou da foice e do martelo, aos acentos do "Bochê Zaria Njrani" ou da "Internacional", não há, no fundo, grande diferença. Uma verdadeira libertação só é possível quando o aparelho do poder desaparece, pois o monopólio do poder não é menos perigoso do que aquele da propriedade. Só assim será possível despertar todas as energias que dormem no povo para fazer com que sirvam à Revolução. É assim, também, que desaparecerá a possibilidade de um partido — e pela simples razão de que ele conseguiu apoderar-se do poder — oprimir todas as tendências verdadeiramente revolucionárias porque é pretensamente necessário "no interesse da Revolução", conquanto saibamos que, nesse caso, o "interesse da Revolução" significa sempre o interesse do Partido ou de um punhado de políticos ávidos de poder e sem escrúpulos.

Os soviets, e não os bolcheviques! A liberdade, e não a ditadura! O socialismo, e não o capitalismo de Estado! Tudo pelos conselhos e nenhum poder acima dos conselhos! Tal é a nossa divisa, que também será aquela da Revolução.

TÍTULOS PUBLICADOS

1. *Iracema*, Alencar
2. *Don Juan*, Molière
3. *Contos indianos*, Mallarmé
4. *Auto da barca do Inferno*, Gil Vicente
5. *Poemas completos de Alberto Caeiro*, Pessoa
6. *Triunfos*, Petrarca
7. *A cidade e as serras*, Eça
8. *O retrato de Dorian Gray*, Wilde
9. *A história trágica do Doutor Fausto*, Marlowe
10. *Os sofrimentos do jovem Werther*, Goethe
11. *Dos novos sistemas na arte*, Maliévitch
12. *Mensagem*, Pessoa
13. *Metamorfoses*, Ovídio
14. *Micromegas e outros contos*, Voltaire
15. *O sobrinho de Rameau*, Diderot
16. *Carta sobre a tolerância*, Locke
17. *O príncipe*, Maquiavel
18. *Dao De Jing*, Laozi
19. *O fim do ciúme e outros contos*, Proust
20. *Pequenos poemas em prosa*, Baudelaire
21. *Discursos ímpios*, Sade
22. *Joana d'Arc*, Michelet
23. *Livro dos mandamentos | 248 preceitos positivos*, Maimônides
24. *Discursos ímpios*, Sade
25. *A vida é sonho*, Calderón
26. *Eu acuso! | O processo do capitão Dreyfus*, Zola | Rui Barbosa
27. *Apologia de Galileu*, Campanella
28. *O princípio anarquista e outros ensaios*, Kropotkin
29. *O indivíduo, a sociedade e o Estado, e outros ensaios*, Emma Goldman
30. *Os sovietes traídos pelos bolcheviques*, Rocker
31. *Sobre verdade e mentira*, Nietzsche

Edição	Jorge Sallum
Co-edição	André Fernandes
Capa e projeto gráfico	Júlio Dui e Renan Costa Lima
Programação em LaTeX	Marcelo Freitas
Diagramação em LaTeX	André Fernandes e Jorge Sallum
Revisão	Iuri Pereira e Lucas Consolin
Colofão	Adverte-se aos curiosos que se imprimiu esta obra nas oficinas da gráfica Vida & Consciência em 7 de novembro de 2007, em papel off-set 90 gramas, composta em tipologia Walbaum Monotype de corpo oito a treze e Courier de corpo sete, em plataforma Linux, com os softwares livres LaTeX, SVN e Trac.